구리쟁이들

조선 왕들의 끊임없는 고민

조선 왕들의 끊임없는 고민
궁리쟁이들

2020년 03월 25일 인쇄
2020년 03월 30일 발행

글 　하루
그림　이광익

펴낸이　박인수
펴낸곳　주니어단디
주소　경기도 파주시 법흥리 유승앙브와즈 201. 106

등록　제 406-2016-000041호(2016.3.21.)
전화　031-941-2480
팩스　031-905-9787
이메일　dandibook@naver.com
홈페이지　dandibook.com

글©하루, 2020
그림©이광익, 2020

ISBN　979-11-89366-09-4 74810
　　　　979-11-958144-4-2 74810 (세트)

- 이 책은 저작권법에 따라 보호받는 저작물이므로 무단 전재와 복제를 금합니다.
- 이 책의 일부를 사용하려면 주니어단디의 서면동의를 받아야 합니다.
- 이 책의 국립중앙도서관 출판시도서목록은 서지정보유통지원시스템 홈페이지(http://seoji.nl.go.kr)와 국가자료공동목록시스템(http://www.nl.go.kr/kolisnet)에서 이용하실 수 있습니다.
  (CIP제어번호:CIP2020012395)
- 잘못된 책은 구입한 곳에서 바꾸어 드립니다.
- KC마크는 이 제품이 공통안전기준에 적합하였음을 의미합니다.

KC	**모델명** 조선 왕들의 끊임없는 고민 궁리쟁이들 **제조년월** 2020. 03. 30. **제조자명** 주니어단디 **제조국명** 대한민국 **주소** 경기도 파주시 법흥리 유승앙브와즈 201. 106 **전화번호** 031-941-2480 **사용연령** 7세 이상

⑤ 위인들의 직업은 뭘까?

조선 왕들의 끊임없는 고민

구리쟁이들

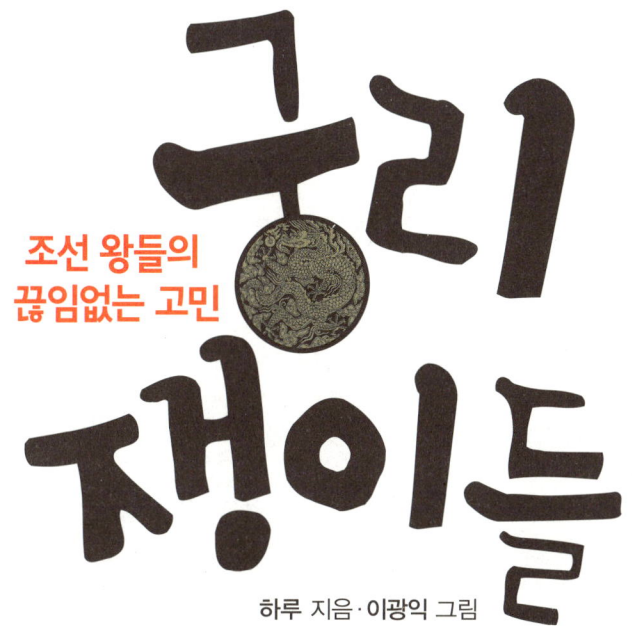

하루 지음 · 이광익 그림

주니어 단디

> 들어가는 말

조선 왕은 어떤 궁리를 했을까?

　왕이 되고 싶다고 생각해 본 적 있나요? 왕이 되면 먹고 싶은 것도 마음껏 먹고, 놀고 싶은 만큼 놀고, 하고 싶은 것은 무엇이든 다 할 수 있을 것 같기도 하지요. 그런데 조선 시대 왕의 일과표는 지금 우리의 하루보다 훨씬 빡빡하게 짜여 있었어요. 새벽부터 공부와 업무를 해야 했지요. 또 어떻게 하면 백성들이 편안한 나라를 만들 수 있을지 종일 궁리해야 했답니다.

　현대의 대통령은 조선 시대 왕처럼 신분이 높은 것은 아니지만, 조선 시대 왕과 비슷한 일을 하고 있어요. 국민들이 어떻게 하면 행복할지, 어떻게 하면 우리나라가 더 강한 나라가 될지 방법을 찾고, 결정을 내리지요. 만약 대통령이 궁리하지 않고, 마음대로 정치를 한다면 어떻게 될까요? 분명 국민들이 큰 피해를 입게 될 거예요. 어쩌면 나라는 힘을 잃고, 대통령만 부자인 나라가 될 수도 있고요.

　조선 시대는 우리에게 좋은 본보기가 되어 주어요. 궁리를 하지 않고,

자기 마음대로 정치를 했던 왕과, 그때의 조선은 어땠는지 알 수 있어요. 반대로 백성들의 생각을 직접 묻고, 궁리하고 또 궁리했던 왕과 그때의 조선 백성들은 어떻게 살았는지도 역사를 통해 알 수 있지요.

그런데 궁리는 대통령 혼자 해야 할까요? 아니에요! 어쩌면 대통령보다 우리가 더 좋은 생각을 해낼 수도 있어요. 역사에서 좋은 교훈을 배우고, 현대의 정치에 어떻게 활용하면 좋을지 궁리한다면 말이에요. 그럼 우리 함께, 조선 왕들은 어떤 궁리를 했는지 살펴볼까요?

목차

1 우리 땅과 백성을 지킬 궁리
세종 ... 8

2 문화와 과학을 발전시킬 궁리
문종 ... 30

3 모두가 믿고, 따를 수 있는 법을 만들 궁리
성종 ... 56

4 외교 문제를 해결할 궁리
광해군 ... 80

5 경제를 발전시킬 궁리

숙종 ... 108

6 백성들이 살고 싶어 하는 나라를 만들 궁리

영조 ... 130

7 좋은 인재를 키울 궁리

정조 ... 152

1 우리 땅과 백성을 지킬 궁리
세종

이 정도면 만능이지!

세종의 성적표	
국방	4군 6진을 개척하고, 압록강과 두만강까지 우리 땅으로 만들었다.
문화	훈민정음을 만들었다. 양서들을 많이 펴냈다. 국가 행사에 쓰이는 아악을 정리했다.
과학	자동 물시계, 해시계 등 다양한 기기를 만들어 과학을 발전시켰다.
경제	우리 땅에 맞는 농사 책, 《농사직설》을 펴냈다.
복지	세금 제도를 고치기 위해 역사상 최초로 여론조사를 했다.

백성들이 안전하게 살 수 있는 방법을 궁리한 세종과 함께
국방 문제에 대해 궁리해 봐요!

 # 1 책을 좋아한 왕자

  까만 하늘에 샛별이 떠오를 때쯤, 태종이 선잠에서 깨어 자리를 털고 일어났습니다.

  "여봐라, 밖에 누구 있는가."

  태종은 환관을 불러 채비를 하고는 궁을 한 바퀴 돌았습니다.

  "궁 안이 고요하구나. 지금 궁에 깨어 있는 사람은 나와 자네뿐인 것 같네."

  태종이 어둑한 궁을 둘러보며 말하자, 환관이 미소를 지으며 답했습니다.

  "전하, 충녕 대군께서 깨어 계실 것입니다. 늘 새벽까지 책을 읽으신다 들었사옵니다."

  "허허허, 충녕이 책을 좋아한다는 건 알았지만 매일 새벽까지 책을 읽는단 말인가."

태종은 글을 좋아하던 자신의 어린 시절을 떠올렸습니다. 태종은 활을 쏘고, 칼을 다루는 무예도 좋아했지만 왕자 시절, 과거에 급제했을 정도로 배우는 것을 좋아했습니다.

"학문을 좋아하던 내 어린 시절을 보는 것 같구나. 허허."

"그러하옵니다. 충녕 대군께서는 이미 《대학》까지 배우셨다 들었습니다."

"아니, 세자*인 양녕도 아직 읽지 못한 책을 읽었단 말인가. 어디 충녕의 처소로 가 보지."

태종은 환관과 함께 충녕 대군의 처소로 갔습니다. 환관의 말처럼 충녕의 처소에서는 희미한 빛이 새어 나오고 있었습니다.

"아니, 등불이 왜 이리 어두운가? 충녕이 오늘은 잠들었나 보오."

태종의 말에 환관이 얼른 충녕 대군의 처소 나인을 찾아갔습니다. 헐레벌떡 다시 태종의 곁으로 온 환관이 말했습니다.

"전하, 나인 말로는 충녕 대군은 깊은 밤이 되면 등불을 가지고 병풍 뒤로 가서 책을 읽으신다 하옵니다."

"왜 병풍 뒤에서 책을 읽는 것이냐?"

"혹시라도 궁의 어른들이 보시고 염려할까 하여 그렇게 책을 읽는다 하옵니다."

세자 다음 왕이 될 왕자를 말해요. 왕비에게서 난 첫째 아들이 1순위로 세자가 되었지요.

"허허, 충녕은 효심까지 지극하구나. 세자인 양녕이 저런 모습을 좀 배우면 좋으련만…."

태종의 목소리에는 기쁨과 안타까움이 동시에 배어 있었습니다.

충녕 대군은 늘 책을 가까이 두고 읽었습니다. 읽었던 책이 입에서 자연스럽게 나올 때까지 책을 읽고 또 읽었습니다. 책을 너무 읽어서 눈병이 날 정도였습니다.

"여봐라! 충녕이 책을 읽지 못하도록 책을 전부 압수하도록 하라!"

어느 날, 태종의 불호령이 떨어졌습니다. 충녕 대군의 눈이 오래도록 낫지 않자, 책을 빼앗으라는 명령을 내린 것입니다.

태종의 명을 들은 환관들은 세종의 처소에 있는 책을 모두 가지고 나왔습니다.

'아, 이제 무엇을 한단 말인가. 책을 읽고 싶구나.'

충녕 대군은 책이 쌓여 있던 자리를 내려다보며 한숨을 내쉬었습니다.

"아, 어쩌면!"

충녕 대군은 병풍 뒤에서 읽던 책을 떠올렸습니다. 얼른 병풍 뒤로 간 충녕은 바닥에 놓인 책을 발견했습니다. 충녕 대군은 반가운 마음에 책을 껴안고, 볼에 비비기도 했습니다. 그러고는 책을 펼쳐 읽고, 또 읽었지요.

책을 통해 세상을 보고, 이해하는 것이 좋았던 충녕 대군과는 달리 충녕 대군의 형이자, 세자인 양녕 대군은 직접 밖에 나가서 세상을 경험하는 것을 좋아했습니다.

"세자 저하가 또 사냥에 나가셨다지? 충녕 대군처럼 책을 좀 읽으시면 좋을 텐데."

"그러게 말이네. 가만히 앉아 공부하시는 걸 좀처럼 보기가 힘드니… 쯧쯧."

신하들은 세자인 양녕 대군이 왕이 될 것을 걱정했습니다. 태종과 신하들의 염려에도 불구하고 양녕은 점점 더 밖에 나가 노는 것을 좋아했습니다. 결국 신하들은 세자를 바꿔 달라는 상소문을 올리기 시작했습니다.

태종은 고심 끝에 어명을 내렸습니다.

"세자인 양녕을 폐위하고, 충녕을 세자로 세우겠다. 충녕 대군은 천성이 총민하고, 학문이 깊으며 정치하는 방법도 잘 안다. 충녕이 이 나라를 다스린다면 분명 조선은 태평성대를 이룰 것이다."

태종의 셋째 아들이었지만 능력을 인정받아 세자가 된 충녕 대군은 우리가 잘 아는 세종 대왕입니다. 세종은 1418년에 세자의 자리에 올랐습니다. 하지만 세종이 세자로 정해질 당시, 모든 신하가 찬성한 것을 아니었습니다.

"매일 책만 읽는 분이라 국방 문제는 잘 모르실 것 같은데…."

"그러게. 왜나 여진이 때때로 쳐들어오는데 그 문제를 잘 해결하실 수 있을까?"

"사냥을 좋아하고, 바깥세상을 많이 구경하신 양녕 대군이 임금이 되는 게 나을 수도 있어."

이런 걱정 가득한 목소리가 새어 나올 때도, 세종은 손에서 책을 놓지 않았습니다.

2 조선을 넘보는 나라들을 어떻게 하면 좋을까?

 태종은 세종을 세자로 세운 지 두 달 만에 세종에게 임금의 자리를 양위˙했습니다. 세종은 세자 교육을 많이 받지 못했지만, 왕자 시절에 읽었던 책들을 바탕으로 임금이라는 무거운 자리에 적응해갔습니다.

 '국방 문제도 책 속에 답이 있을 거야.'

 세종은 자신의 약점을 알고 국방과 관련된 책들을 가져와 밤새 책을 읽었습니다. 그래도 신하들은 세종이 국방 문제를 잘 모른다며 수군거렸습니다.

 "전하, 왜구가 또 쳐들어왔다고 합니다. 시도 때도 없이 노략질을 일삼으니! 이제 저들을 토벌해야 합니다."

양위 임금의 자리를 넘겨주는 것

장군 이종무가 세종에게 아뢰었습니다. 쓰시마 섬^{지금의 대마도}은 왜구가 살던 곳인데, 조선과 아주 가까웠습니다. 조선의 통신사*들이 일본을 방문할 때 가장 먼저 가는 곳이기도 했습니다. 그런데 쓰시마 섬에 살고 있는 왜구들의 힘이 점점 세어지자, 자꾸만 조선 땅으로 와 조선 백성들을 괴롭혔습니다.

"음…. 쓰시마 섬을 토벌하면 좋겠지만 우리 해군은 왜구의 해군보다 수가 적지 않은가. 그냥 육지에서 기다렸다가 왜구가 쳐들어오면 그때 공격하는 것은 어떤가. 하지만 이 일은 나 혼자 정하기에 어려운 일이니 아바마마와 상의해 보도록 하겠다."

세종이 즉위한 지 1년이 채 안 되었을 때였기 때문에 세종은 때때로 태종에게 가 뜻을 묻곤 했습니다.

태종은 세종의 이야기를 가만히 듣더니 말했습니다.

"내 생각엔 이종무가 옳은 것 같네. 저들은 잡초와 같아서 토벌하지 않으면 또 어디를 공격해 올지 모르네. 왜구가 육지에서 조선군이 기다리고 있다는 얘기를 들으면 돌아서 배를 다른 곳에 정박한 뒤에 그곳을 약탈을 하지 않겠는가."

태종은 세종에게 찬찬히 설명했습니다.

"국방의 문제는 책의 내용도 중요하지만 경험이 중요하다. 책에서 답을

통신사 조선 시대에 일본으로 보냈던 외교 사절

얻을 수 없는 문제도 많지. 수많은 답을 놓고 고민해야 할 경우도 많아. 앞으로 이런 경험들이 쌓이고 쌓여 자네의 결정에 힘을 실어 줄 걸세."

태종의 말을 들은 세종이 고개를 끄덕였습니다.

'아바마마의 말씀이 옳다. 나 혼자만의 생각으로 국방 문제를 결정했다면 백성들이 피해를 보았을 것이야. 국방에 관한 문제는 깊이 또 생각하고 생각해야 한다. 그리고 경험이 많은 이들과 함께 궁리해야 한다.'

세종은 태종과 이종무의 의견을 받아들여 쓰시마 섬을 토벌하기로 했습니다.

"이종무에게 전함 227척과 군사 1만7천 명을 주어 쓰시마 섬을 정벌하도록 하라!"

세종의 명을 받은 이종무는 군사들과 함께 쓰시마 섬에 도착해 왜구를 공격했습니다. 때마침 왜구의 핵심 세력은 배를 타고 멀리 나가 있었습니다. 이종무는 손쉽게 쓰시마 섬에 들어가 선박에 불을 지르고, 적장의 무릎을 꿇렸습니다. 적장은 다시는 조선을 침범하지 않겠다는 약속을 하며 빌고 또 빌었습니다.

"자네가 승리하고 돌아올 줄 알았네."

세종은 그 뒤로도 국방 문제를 논의할 때면 믿을 수 있는 장군들을 불러 함께 상의했습니다.

"최윤덕 장군을 들라 하라. 장군은 아버지를 따라 여러 전쟁에 참여했다 들었네. 아, 김종서 장군도 함께 불러 주시게. 김종서 장군은 학문에도 조예가 깊지만 그 대범함은 다른 장군들과 비길 수 없지. 오늘은 이들과 이야기하며 국방 문제에 대해 궁리해 봐야겠네."

세종은 여러 장수와 이야기를 나누며 책으로도 알 수 없는 경험을 배우기 시작했습니다.

3 북쪽 땅은 어떻게 지킬까?

　세종은 국방뿐 아니라 교육, 과학, 예술, 의학 등 다양한 분야에 신경을 썼습니다. 조선은 세워진 지 얼마 안 된 나라였기 때문에 좋은 인재를 뽑는 것이 중요했습니다. 세종은 인재들을 교육하기 위해 집현전을 정비했습니다. 집현전에서는 세종처럼 밤늦게까지 공부와 연구를 하는 신하들이 늘어났고, 조선에도 다양한 경험과 지식이 쌓여갔습니다.
　"잦은 흉년으로 백성들이 힘들겠구나. 백성들이 수확량을 늘릴 수 있도록 농사법을 정리하라."
　"백성들은 병이 나도 약 쓰는 법을 몰라 고치지 못하는 경우가 많다. 약초로 병 고치는 법을 상세히 적어 책으로 만들라."
　"책을 만드는 시간이 너무 오래 걸려 좋은 책을 빨리 읽을 수 없구나. 책을 빠르게 찍어내는 법을 연구하도록 하라."

세종은 책벌레답게 백성들을 위한 책을 만들기 위해 애썼습니다. 책을 빠르게 찍어내기 위해 활자를 통일하고, 인쇄술을 발전시키기도 했지요. 하지만 여전히 세종을 괴롭히는 문제가 있었습니다. 바로 국방 문제였습니다.

"전하, 압록강 인근 마을에 여진족이 나타났다 하옵니다."

세종이 조선의 발전을 위해 밤낮으로 애쓰는 동안 여진족은 계속해서 조선 백성들을 괴롭혔습니다.

"왜구를 섬멸해서 겨우 남쪽 지역을 안전하게 만들었는데. 이제 북쪽 지방이 문제로구나."

세종이 고개를 가로저었습니다.

"북쪽 지방은 날이 추워서 곡식이 귀합니다. 백성들은 곡식을 지키려다가 도망치지도 못하고 여진족에게 붙잡혀 희생된다 하옵니다."

"이런. 자네들의 생각은 어떻소. 여진족도 왜구처럼 섬멸하는 것이 좋을 것 같소?"

세종은 신하들의 생각을 물었습니다.

"전하, 북쪽은 지형이 험합니다. 산새가 험하지 않은 곳에 진을 치고, 내려오는 여진족을 기다렸다가 그들과 전쟁하면 어떻겠사옵니까?"

한 젊은 신하가 세종에게 아뢰었습니다.

"흠, 산 아래에 진을 치면 여진족은 그 위의 땅을 자신의 땅이라 생각할 것이오. 우리는 우리 땅을 지켜야 하니 압록강과 두만강에 진을 치고 여진족을 치는 것이 좋을 것 같네만. 어서 최윤덕 장군을 불러오게."

세종은 집현전을 통해 학자들을 키워낸 것처럼 좋은 인재를 알아보기 위해 신하들을 잘 관찰하고 살폈습니다. 세종은 이번 일에는 최윤덕 장군이 딱 맞으리라 생각했습니다.

"최윤덕 장군, 자네가 조선 곳곳을 돌아다니며 오래된 성벽을 다시 쌓고, 낮은 성벽을 높여 준 덕분에 조선 땅이 안전해졌소."

세종이 최윤덕 장군을 칭찬했습니다.

"전하께서 명하신 일을 한 것뿐이옵니다."

최윤덕 장군이 고개를 깊숙이 숙이며 답했습니다.

"오늘 장군을 부른 것은 여진족에 대한 장군의 생각을 묻기 위해서네. 나는 여진족 무리를 섬멸하여 우리 백성들의 안전을 지키고 싶소. 더불어 우리 국경•을 정확하게 알려 주고 싶네. 자네는 성벽을 쌓으며 우리 영토를 많이 봤을 것이니 압록강 주변 또한 자네가 잘 알겠지. 내 명을 따라 여진족을 섬멸할 수 있겠는가."

세종이 단호한 목소리로 말했습니다.

"전하의 명을 받들겠사옵니다."

최윤덕 장군의 굵고 단단한 목소리가 사정전•을 가득 채웠습니다.

국경 나라와 나라의 영역을 가르는 경계를 말해요.
사정전 왕과 신하가 공부를 하고 정사를 돌보던 곳이에요.

1433년 최윤덕 장군은 세종의 명을 받아 압록강 지역에서 여진족과 전투를 벌였습니다.

여진족 무리는 최윤덕 장군이 이끄는 조선군에게 패배하고, 뿔뿔이 흩어졌습니다.

"최윤덕 장군이 해냈구나! 하지만 여기서 끝난 것이 아니다. 아직 해야 할 일이 남았네."

조선 조정에 승리의 소식이 날아들자, 세종은 최윤덕 장군을 칭찬했습니다. 그러고는 또 다른 궁리를 시작했습니다.

4 북쪽 땅의 국경을 명확하게 정해야 해!

'압록강과 백두산 지역이 우리 땅이라는 것을 명확하게 하고 싶은데. 국경이 명확해진다면 저들도 쳐들어오지 못할 것이다.'

세종은 계속 고민했습니다. 왜와 조선은 바다를 사이에 두고 있었기 때문에 국경을 따로 정할 필요가 없었지만 북쪽 땅은 중국 대륙과 맞닿아 있어 국경을 정하는 것이 중요했습니다.

"이 일에는 김종서 장군이 잘 맞을 것 같다. 김종서 장군을 데려오게."

한참 고민하던 세종은 김종서 장군을 불렀습니다.

"전하, 부르셨사옵니까."

김종서 장군이 세종의 앞에 섰습니다. 김종서 장군은 고려의 역사를 정리한 《고려사절요》를 지을 만큼 뛰어난 학자이기도 했습니다. 세종은 그의 학식뿐 아니라 대범함과 용맹함을 알아보았고, 그에게 국방과 관련된 일들을 맡겼습니다.

"장군, 우리 땅의 북쪽 경계가 명확하지 않아 여진족이 우리 땅에 자꾸 들어와 말썽을 부리는구려. 북쪽 땅에 사는 우리 백성들이 고통을 받고 있으니, 이를 어떡하면 좋겠소."

세종이 김종서의 의견을 물었습니다.

"전하, 국경을 명확하게 하려면 먼저 군사 시설을 세워야 할 것입니다. 그러면 오랑캐가 마음대로 쳐들어오지 못할 것입니다."

김종서의 말에 세종은 고개를 끄덕였습니다.

"자네 말이 맞네. 나라를 지킬 요새를 만든 뒤에 국경 근처에 백성들을 이주시키면 될 게야. 사람이 살고 있어야 우리 땅이 되니 말이네. 김종서 자네가 군사 요새를 만들도록 하게."

김종서는 세종의 명령에 따라 두만강 유역에 남아 있던 여진족을 몰아내고 군사 요새를 세웠습니다. 온성, 종성, 경원, 부령, 회령, 경흥 이렇게 여섯 개의 지역에 세워진 요새는 '6진'이라 불렸습니다.

"자, 최윤덕 장군은 가서 백성들이 살 마을을 만들도록 하게."

최윤덕 장군은 여연, 자성, 무창, 우예 지역에 네 개의 군을 설치했습니다. 군은 큰 고을을 이르는 말입니다.

'북쪽 땅은 추워서 살기 어려울 텐데. 백성들에게 혜택을 주면 이사하

고 싶은 백성이 늘어날 거야. 어떤 혜택을 주면 좋을까?'

4군과 6진이 세워진 뒤에도 세종은 북쪽 땅에 계속 관심을 가졌습니다.
"그래, 북쪽 땅으로 옮겨가는 백성들이 그 지방의 관리가 되도록 해야겠다. 관리가 되어 땅을 스스로 개척한다면 그 지역을 더 좋아하게 되지 않겠나."
세종은 궁리 끝에 좋은 답을 내놓았습니다.
이렇게 압록강과 두만강에 4군과 6진이 세워졌고, 이곳에 사는 백성들이 늘어났습니다. 이 일로 조선은 두만강과 압록강 이남 지역으로 국경선을 확장할 수 있었습니다. 계속해서 조선 백성들을 괴롭히던 여진족의 침입 또한 막을 수 있었습니다.

세종은 '책만 좋아하고, 국방에 대해서는 모를 것이다.'라는 다른 사람들의 평가를 무시하지 않았습니다. 자신의 약점을 잘 알고, 약점에 대해 궁리했지요. 결국 세종은 자신의 약점을 보완하기 위해 다양한 분야의 책을 읽었고, 뛰어난 인재들을 뽑았습니다.
　약점을 장점으로 바꾼 세종의 궁리가 지금의 대한민국 영토의 북쪽 경계선을 만들었습니다. 세종은 군사적으로 평안한 때에는 자신의 특기인 연구와 공부를 거듭해 뛰어난 과학 기기들을 만들었고, 백성들을 사랑하는 마음 하나로 궁리하고 또 궁리해 한글을 만들었습니다.

조선 왕 BEST & WORST

BEST

성공한 국방 정책?

　조선과 청나라는 압록강과 두만강을 사이에 두고 여러 번 전쟁을 했어요. 이 문제를 해결하기 위해 청나라는 회담을 제의했고, 숙종은 제의를 받아들였어요. 두 나라는 함께 국경 조사를 한 뒤에 두 나라의 경계를 정해 '백두산정계비'를 세웠어요. 백두산정계비는 백두산 정상에서 남동쪽 아래에 세워졌어요. 그 뒤로는 두 나라의 분쟁이 잦아들었지요.

　그런데 조선 후기에 '서쪽은 압록강을, 동쪽은 토문강을 경계로 삼고 분수령 위에 비를 세워 적는다.'라고 비석에 새겨진 문장이 문제가 되었어요. 문장에 나오는 '토문강'이 어느 강인지를 두고 다시 영토 싸움을 하게 된 것이지요. 결국 분쟁은 해결되지 못했고, 일본이 조선을 강제 점령하면서 간도 지방을 청나라에 넘겨주고 말았어요. 백두산정계비도 일본인이 철거해 버렸지요.

WORST

실패한 국방 정책?

　인조 때에 일어난 정묘호란과 병자호란에서 조선은 청나라에 크게 패했어요. 이때 인조의 아들이었던 효종은 청나라에 볼모로 끌려가게 되었어요. 효종은 볼모로 잡혀 있다가 조선으로 돌아온 뒤에도 그때의 치욕을 잊지 않았고, 재위 기간 내내 청나라에 앙갚음하기 위한 계획을 세웠어요.

　효종은 강한 병력을 만들기 위해 군인의 수를 늘렸고, 신무기를 개발하기 위해 조선에 표류한 네덜란드 사람 하멜을 훈련도감에 소속시키며 화약을 만들게 했어요.

지금까지 보면 괜찮은 국방 정책인 것 같지만, 이렇게 준비하기 위해서는 엄청난 세금이 필요했어요. 백성들은 농사를 짓지 못하고, 군사 훈련에 동원돼야 했지요.

효종의 국방 정책은 군사력이 탄탄해지는 좋은 기능도 있었지만, 백성들에게 너무 큰 짐을 지워 주었어요. 결국 효종이 갑자기 죽으면서 북벌에 대한 효종의 뜻은 한바탕 꿈같은 이야기로 끝나고 말았어요.

왕 VS 대통령

왕과 대통령의 시간표가 궁금해요!

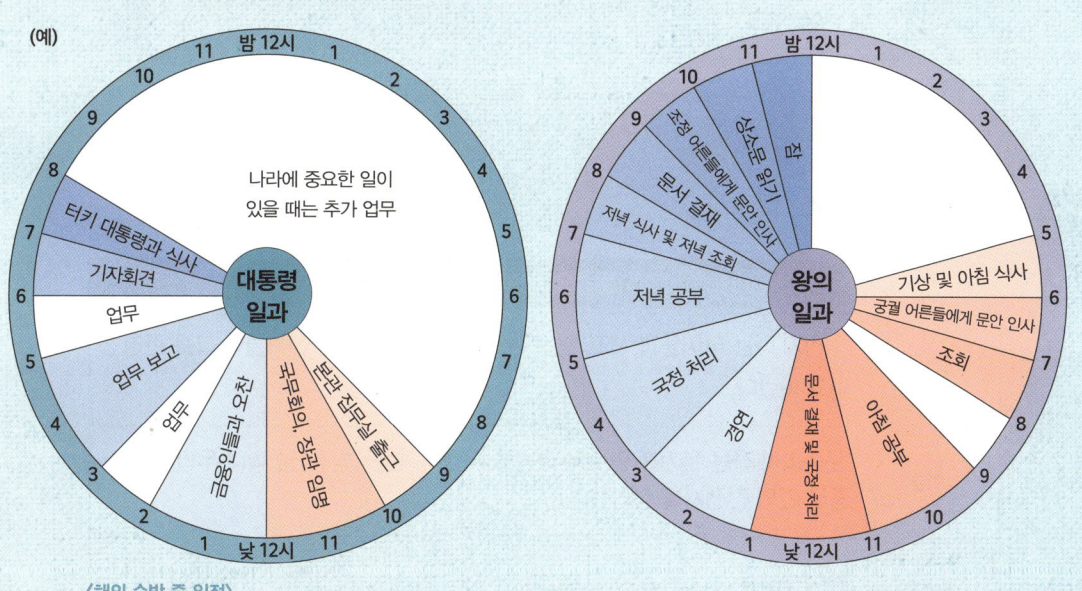

〈해외 순방 중 일정〉
- 10시   공식 환영식
  - 방명록 서명, 선물전시 관람 및 단독 회담
  - 정상회담
- 12시   공동선언 언론발표
- 12시 반   한국전 참전용사 대표 접견
- 1시   태국 총리 주최 공식 오찬
- 3시   한국–태국 비즈니스 포럼
- 4시   브랜드 k론칭쇼
- 7시   동포 간담회

2 문화와 과학을 발전시킬 궁리
문종

> 더 좋은 성적을 남길 수 있었는데….

	문종의 성적표
정치	'적장자'라는 타이틀과 세자 때 보여줬던 유능함 덕분에 신하들이 그를 존경하고 따랐다.
국방	'문종화차'라는 무기를 만들어 국방을 지켰다. 《동국병감》을 펴내 우리나라와 중국 간의 전쟁사를 정리했다.
문화	《고려사》와 《고려사절요》를 펴냈다.
과학	세자 때 측우기를 만들었다. 아버지와 함께 훈민정음을 만들었고, 다양한 발명품을 함께 연구했다.

측우기와 문종화차 등을 만든 문종과 함께
문화와 과학을 발전시킬 방법을 궁리해 봐요!

1 몸이 약한 세자

"아바마마, 소자가 아바마마께 드리기 위해 앵두를 가져왔사옵니다."

세자 이향이 숨을 고르며 새빨간 앵두를 세종 앞에 내밀었습니다. 이향의 작은 두 손이 새빨갛게 물들어 있었습니다.

"이 앵두는 어디서 난 것이냐?"

세종이 가지런히 모은 이향의 두 손을 보며 말했습니다.

"전하께 드리기 위해 세자 저하께서 앵두나무를 열심히 기르셨습니다."

세자의 옆에 있던 환관이 답했습니다.

"오호, 세자의 효심이 지극하구나."

세종은 이향을 향해 따듯하게 미소 지은 뒤에, 앵두 하나를 입에 넣었습니다.

"전하, 앵두의 맛이 어떻사옵니까?"

세자가 눈을 반짝이며 물었습니다.

"세자가 나를 위해 앵두나무를 기르고, 직접 따온 앵두이니 맛이 없을 리 있겠는가. 여태껏 먹어본 앵두 중에 가장 맛있구나. 허허."

세종은 크게 웃으며 기뻐했습니다.

이향은 세종의 맏아들로 여덟 살에 세자가 되었습니다. 조선은 왕비가 낳은 맏아들에게 왕의 자리를 넘겨주는 것으로 되어 있었지만 세종 때까지는 한 번도 맏아들이 왕이 되지 못했습니다. 이향의 아버지인 세종도 셋째 아들이었지만 왕이 되었지요.

"드디어 적장자이신 저하가 세워졌구나."

"적장자에다가 전하를 쏙 빼닮지 않으셨나. 장차 성군이 되실 거야."

신하들이 한목소리로 세자를 칭찬했습니다.

조선 사람들만 세자를 칭찬한 게 아니었습니다. 하루는 중국에서 온 사신을 세자가 접대했습니다.

"저분은 누구신가?"

중국에서 온 사신이 세자를 가리키며 물었습니다.

"조선의 세자이십니다."

중국 사신은 눈을 크게 뜨고 다시 세자를 봤습니다.

적장자 왕비가 낳은 맏아들을 말해요.

"조선의 세자는 어찌 저리 아름다운 것이오? 조선은 아름다운 땅만큼이나 세자도 아름답구려."

중국 사신의 말에 조선의 관리들, 왕비와 세종까지 모두 흐뭇한 미소를 지었습니다.

세자는 외모뿐 아니라 글씨, 과학, 체육, 음악 등 모든 부분에서 뛰어났습니다. 게다가 신하들의 말을 잘 들어주고, 겸손하게 답하는 성품까지 지니고 있었지요. 이런 세자에게 백성들과 세종이 거는 기대는 컸습니다.

하지만 세자도 세종의 속을 썩일 때가 있었습니다.

"세자가 몸이 약하니 그게 가장 걱정이요."

세종은 몸이 약한 세자가 늘 걱정이었습니다. 몸이 약한데 밤새 공부를 하는 것도 걱정이었지요.

"세자가 또 밤새 책을 읽었다 들었습니다."

세종이 소헌 왕후에게 걱정스레 말했습니다. 소헌 왕후는 세종의 부인이자 세자 이향의 어머니입니다.

"전하를 똑 닮아 그렇사옵니다."

왕후가 미소를 지으며 말했습니다. 왕후의 말대로 세자는 책벌레였던 세종을 닮았습니다. 문장과 글씨가 빼어난 것도 닮았지요. 세자가 글을 쓰면 내로라하는 집현전 학사들이 그 글을 서로 베껴 쓰려고 할 정도였습니다.

2 백성들에게 도움이 되는 기기를 만들자

세종 23년 나라에 비가 내리지 않았습니다. 물을 먹지 못한 논은 쩍쩍 갈라졌고, 나라 곳곳에서는 굶어 죽겠다고 외치는 백성들의 울부짖음이 들렸습니다.

"기우제를 지내도록 하라."

세종은 기우제를 몇 차례나 지냈습니다. 하지만 하늘은 묵묵부답이었습니다.

'몇 해째 가뭄이 드는 것 같아. 백성들이 비가 언제 오고, 언제 오지 않

기우제 비를 내려달라고 하늘에 지내는 제사예요.

을지 알게 된다면 좋을 텐데. 어떻게 하면 좋을까?'

세자는 아버지 옆에서 아버지가 어떻게 나라를 다스리는지 봤습니다. 세종은 자기 몸을 돌보는 것보다 조선과 백성을 돕는 일에 힘썼습니다. 세자는 그런 아버지께 조금이라도 도움이 되고 싶었습니다.

'그래. 비가 얼마나 내리는지를 기록해두는 게 좋겠다!'

일정한 지역에 비나 우박이 내린 총량을 강수량이라고 합니다. 강수량을 알게 되면 어떤 해에는 왜 비가 많이 내리지 않았는지, 또 다른 해에는 왜 비가 많이 내렸는지를 연구해 볼 수 있게 되지요. 강수량을 재는 것은 이 모든 것의 가장 기초가 되는 자료입니다.

'그래, 비가 내린 땅을 파서 보고, 얼마나 젖었는지를 알아보는 거야. 그걸 기록하면 비가 얼마나 내렸는지 알 수 있다.'

이향은 비가 내리는 날만 기다렸습니다. 비가 온 양을 재기 위해 땅을 팔 도구와 길이를 잴 도구까지 준비해 두었지요. 세자와 온 백성이 기다리던 단비가 내리기 시작했습니다. 비가 내리는 동안 밖을 내다보던 이향은 비가 그치자마자 땅을 파고, 자를 푹 찔러 그 깊이를 쟀습니다. 비가 많이 온 뒤에 땅은 더 깊이 비에 젖어 있을 테니까요. 세자는 그렇게 잰 길이를 잘 기록해 두었습니다. 다음 비가 올 때도 같은 방법으로 길이를 쟀지요.

보슬비가 내린 뒤, 이향은 이곳저곳 땅을 파다가 손을 멈췄습니다.

'이런… 아무래도 이 방법은 틀린 것 같아.'

부드러운 흙이 덮인 땅은 더 깊이까지 비가 젖어 있고, 굳은 땅에는 비가 많이 들어가지 못했습니다. 같은 비가 내렸는데 땅의 질에 따라 다르게 측정이 된 것이지요.

'조선의 지역마다 토양이 다 다른데, 그 생각을 못 했다. 다시 생각해 봐야겠어.'

땅마다 다른 결과가 나온다면 같은 양의 비가 내렸더라도 다르게 기록될 것이었습니다. 이향은 동궁전으로 돌아와 지금까지 했던 기록해뒀던 자료들을 전부 버렸습니다.

'정확하게 강수량을 잴 방법이 필요해.'

이향은 다시 궁리하기 시작했습니다. 정확하게 일을 처리하기 위해 몇 번이고 거듭 연구를 하는 것도 세종과 꼭 닮은 모습이었습니다.

똑 똑 똑.

어느 날, 처마 끝에서 빗방울이 떨어졌습니다. 세자는 언제나처럼 비를 가만히 쳐다보았습니다. 처마에서 떨어진 빗방울은 처마 밑에 놓여 있던 구리 그릇으로 한 방울씩 떨어졌습니다.

'그래, 저거야!'

이향은 구리 그릇을 가만히 보다가 새로운 생각이 났는지 얼른 동궁전으로 돌아왔습니다.

"어서 장영실을 들라 하라!"

이향은 장영실을 불러 새로운 발명품을 설명했습니다.

"저하, 어찌 그런 생각을 하셨습니까. 제가 당장 만들어 보겠습니다."

장영실은 얼른 돌아가서 세자의 명대로 기기를 만들었습니다. 이향이 말한 기기는 구리로 만들어 비가 새지 않고, 정확히 비의 양을 잴 수 있는 기기였습니다. 전국에 이렇게 같은 규격의 기기를 만들어 두면 비가 어느 곳에 많이 내렸는지도 알 수 있었지요.

이 기기에는 '측우기'라는 이름이 붙었습니다. 세종은 전국에 측우기를 설치했습니다. 측우기는 강수량을 재는 세계 최초의 기기입니다. 이 기기로 세자가 얼마나 백성들을 사랑하고, 그들을 위해 고민했는지 알 수 있습니다.

문화와 과학을 발전시킬 궁리 문종

3 아버지를 도왔을 뿐입니다

"내일은 중국 사신이 도착하는 날인데, 날씨가 어떠한지 세자에게 물어 봐야겠구나."

세종은 중요한 일이 있을 때 항상 세자에게 날씨를 물었습니다. 궁에서 세자만큼 천문학을 잘 아는 사람이 없었거든요.

"전하, 내일은 비가 올 것 같사옵니다."

"이런, 세자가 내일 비가 온다고 하는구나. 비가 오면 내일 하기로 했던 행차는 미루는 것이 좋겠구나."

세종은 세자가 날씨를 알려 주면 그것에 맞게 일정을 바꾸었습니다. 그만큼 세자의 천문학 실력을 믿었던 것이지요.

"아바마마, 오늘은 천둥과 번개가 칠 것 같사옵니다."

세자가 이렇게 말하는 날에는 꼭 천둥과 번개가 쳤습니다.

"세자의 천문학 지식이 날로 높아지는구려."

세종은 세자를 자랑스럽게 생각했고, 세자를 믿었습니다. 그래서 연구가 필요한 분야에는 꼭 세자를 보내 신하들과 함께 일하도록 했습니다.

"세자, 정약용과 집현전 학자들이 함께 해시계를 만들고 있습니다. 세자의 천문학 지식도 그들 못지않으니, 정확한 기기가 만들어지도록 함께 논의해 보세요."

세종의 명을 들은 세자는 한걸음에 집현전으로 달려갔습니다. 그곳에서 신하들과 만나 토론을 하기도 하고, 필요한 책들을 구해 모조리 읽었지요. 덕분에 해시계인 앙부일구와 물시계인 자격루가 만들어졌습니다. 세종은 함께 연구하고, 기기들을 만들어 낸 신하들에게 칭찬하며 벼슬을 높여 주었습니다.

신하들이 기뻐하며 집으로 돌아가 잔치를 벌일 때, 세자는 다시 집현전으로 가 책을 읽었습니다.

"오늘같이 기쁜 날에도 세자 저하는 책을 읽으시는구먼."

"우리도 이러고 있을 수 있는가. 더 연구해 보도록 하세."

세자가 밤새 연구를 하고 고민을 하니, 신하들도 가만히 있을 수 없었습니다. 집현전에 불이 꺼지는 날이 드물 정도였습니다.

어느 날, 세종은 세자에게 깜짝 놀랄 만한 이야기를 꺼냈습니다.

"세자, 난 우리만의 글자를 만들 것이오. 그런데 내가 이것을 만든다고 하면 양반들이 반대할 게 분명하네. 그래서 이것은 집현전 학자 몇 명과 세자와 함께 비밀리에 만들려고 하네."

세종은 양반들이 훈민정음 창제에 반대할 것을 알고 있었습니다. 양반들은 상민들이 글을 알게 되면 자신들의 자리를 넘볼 수도 있다고 생각했습니다. 또한 중국의 글자인 한자를 버리고 새로운 글자를 쓰는 것은 중국에 대한 배신이라고 생각했지요. 세종은 앞날을 정확히 예견하고 있었습니다.

"네, 전하. 저도 함께 연구하겠습니다."

세자는 세종, 집현전 학자들과 함께 훈민정음을 만들기 위해 연구했습니다. 세자는 밤을 새워 연구하고는 낮에는 세종이 훈민정음 연구에 집중할 수 있도록 나랏일을 더 세세하게 살피기도 했습니다.

"어리석은 백성들이 말하고 싶어도 그 뜻을 펴지 못한다. 내가 이것을 딱하게 여겨 새로 스물여덟 글자를 만들었으니 사람들이 쉽게 익혀서 날마다 편리하게 사용하기를 바란다."

드디어 우리 글자인 '훈민정음'이 만들어졌습니다. 신하들 앞에서 훈민정음의 뜻과 가치를 설명하는 세종의 옆에서 세자 이향은 가만히 응원의 눈빛을 보냈습니다.

4 역사를 정리하다

"전하께서 승하하셨다."

1450년 3월 꽃샘추위에 땅이 꽁꽁 얼어붙은 날, 백성들의 마음마저 차갑게 얼어버리는 일이 생기고 말았습니다.

백성들은 차가운 땅바닥에 엎드려 세종의 죽음을 슬퍼했습니다. 이향은 세종의 죽음을 믿을 수 없다는 듯 하늘을 보며 한참을 흐느꼈습니다. 눈물방울도 차갑게 얼어 바닥으로 떨어졌습니다. 훈민정음을 만들고 좋아하시던 아버지의 모습, 늘 몸이 약한 세자 걱정을 하던 아버지의 모습이 떠올랐습니다.

'아바마마, 저를 두고 떠나시면 어찌합니까. 제가 아바마마만큼 이 나라를 잘 다스릴 수 있을까요.'

이향은 아버지만큼 조선을 잘 다스릴 자신이 없었습니다. 하지만 곁에서 세자를 지켜봐 온 신하들의 생각은 달랐습니다. 그만큼 이 나라를 사랑하고, 잘 다스릴 사람은 없다고 생각했지요. 그도 그럴 것이 세자는 모든 분야에서 뛰어났고, 성군이었던 세종의 밑에서 세자 교육을 오래 받았습니다.

1450년 이향은 세종의 뒤를 이어 왕에 올랐습니다. 세자 이향의 묘호는 문종입니다.

문종이 즉위한 지 얼마 되지 않아 의정부 관리가 나와 아뢰었습니다.

"전하, 선왕께서 승하하신 지 얼마 되지 않았지만 어서 정사를 돌보셔야 하옵니다. 특히 지금 중국에는 전쟁의 징조가 있습니다. 우리도 나라를 더욱 방비하고 지켜야 하옵니다."

슬픔에 빠져 있던 문종에게 첫 임무가 주어졌습니다.

"우리와 중국과의 전쟁사를 기록한 책을 가져오도록 하시오. 그것을 읽고, 방법을 고민해 보도록 하겠네."

문종은 먼저 조상들이 기록해 놓은 정보들을 보고 싶어 했습니다.

"전하, 아뢰옵기 황송하오나, 우리와 중국과의 전쟁사를 정리해 둔 책은 없사옵니다. 역사서 속에 조금씩 기록돼 있을 뿐이지요. 이것을 하나의 책으로 기록해 정리해 놓는다면 필히 요긴하게 쓰일 것입니다."

관리의 말을 들은 문종은 관리의 생각이 옳다고 생각했습니다.

"그렇구나. 나 역시 자네의 생각과 같네. 삼국으로부터 고려에 이르기까지 적이 침입한 일과 이에 어떻게 대비하였는지를 고증하고 정확히 채집

해 가져오도록 하라. 이것을 책으로 만들어 백성들에게 읽히도록 하겠다."

문종은 신하들이 자료를 조사해 올리면 그것을 꼼꼼하게 다시 확인하고, 책에 넣을지 말지를 고민했습니다. 이렇게 문종은 즉위 후 가장 첫 책으로 《동북병감》을 만들었습니다.

이 책에는 중국의 침입과 전쟁, 우리가 직접 정벌한 사실들을 기록했습니다. 삼국 시대에 있던 전쟁의 역사까지 상세하게 정리되어 있어 당시에는 병서로써 귀한 기록이 되었고, 나중에는 역사서로 귀한 자료가 되었지요.

문종은 《고려사》와 《고려사절요》라는 두 권의 책도 펴냈습니다. 《고려사》와 《고려사절요》는 조선 이전에 한반도를 다스렸던 고려의 역사를 정리한 책입니다.

고려의 역사를 정리하는 일은 조선을 세운 태조 때부터 하던 것이었습니다. 세종 때에는 선왕들이 해 오던 것을 다시 대대적으로 고치기 시작했습니다. 기존에 있던 고려의 역사 기록에 객관적이지 못한 사실들이 많이 적혀 있기 때문이었습니다.

세종은 네 번이나 고려의 역사를 정리했지만 전부 책으로 내지 않았습니다. 그만큼 역사를 정리하는 일에 신중했지요.

문종은 즉위한 뒤, 아버지가 완성하지 못한 고려사를 집중적으로 연구하고 정리했습니다. 노력 끝에 객관적이고 자세한 책이 완성되었습니다.

5 새로운 무기를 만들자!

　문종이 즉위한 뒤에도 여진족은 고민거리였습니다. 세종이 4군 6진을 세우고부터 크게 침입하지는 않았지만, 여전히 조선 땅에 들어와 약탈을 일삼았습니다.

　'여진족이 아직도 우리 백성을 괴롭히는구나. 여진족에게 본때를 보여 주려면 새로운 무기가 필요해.'

　문종은 새로운 무기를 개발하기 시작했습니다.
　'여진족은 북쪽에 있는 우리 백성들보다 수가 많으니, 한꺼번에 많은 수를 토벌할 수 있도록 설계해야 해.'
　문종은 신하들을 불러 무기에 대해 상의했고, 여러 책을 참고해 설계도를 그렸습니다. 몇 차례 수정하며 무기는 점점 정교해졌습니다.

"됐다!"

문종은 설계도를 보고 흐뭇한 미소를 지었습니다. 새로운 무기의 설계도에는 척, 촌, 푼, 리까지 자세히 기록되어 있었습니다. 리는 0.3밀리미터에 해당하는 길이로 당시에 측정할 수 있는 최소한의 길이까지 정확하게 계산한 것이었습니다. 꼼꼼한 문종답게 설계도 먼저 정확히 만든 것이지요.

'이 설계도를 아바마마가 보셨으면 어떠셨을까? 분명 좋아하셨을 텐데.'
문종은 늘 새로운 방법과 기기를 생각해내던 세종을 떠올렸습니다.
"전하, 기기가 다 만들어졌사옵니다."
무기를 관리하는 군기감의 관리가 헐레벌떡 뛰어와 임금에게 기쁜 소식을 알렸습니다.
"그래, 내가 직접 가서 보겠네."
문종은 설계도와 똑같이 만들어진 기기를 보고, 안도의 한숨을 내쉬었습니다.
"무기가 잘 작동하는가?"
"네, 전하. 원하는 곳에 쉽게 설치했고, 한꺼번에 쏘아 올린 화살이 정확히 목표물을 맞췄사옵니다."
"다행이구나."
그제야 문종은 미소를 지었습니다.
문종이 만든 무기에는 문종화차라는 이름이 붙었습니다. 문종화차는 바퀴가 달린 수레 위에 무기를 올려놓을 수 있는 기기였습니다. 수레를 이용해 필요한 곳에 무기를 쉽게 설치할 수 있었지요. 화차에 실린 무기는 한번에 100발까지 쏠 수 있어 적의 기선제압용으로 탁월했습니다.

"이 무기를 4군 6진 지역에 배치하도록 하라."

문종은 문종화차를 4군 6진 지역에 놓았습니다. 문종화차가 놓인 뒤로, 여진족은 한꺼번에 날아와 눈앞에서 터지는 신무기에 깜짝 놀라 조선 땅에 함부로 들어오지 못했습니다. 이 무기는 임진왜란 때까지 쓰일 정도로 효과가 좋았습니다.

문종은 직접 무기를 개발하며 과학에도 능통한 왕이라는 것을 알렸습니다. 끊임없이 연구를 거듭하고, 연구한 것을 실제로 만들어 백성들의 삶을 이롭게 하는 왕이었지요.

"역시, 전하가 잘 하실 줄 알았네."

어릴 때부터 문종을 봐 왔던 신하들은 문종이 아버지인 세종보다 더 많은 업적을 남길 것이라 확신했습니다.

지극한 효심

문종은 세종의 장사를 마친 뒤에도 여막을 짓고, 거기서 살면서 아침저녁으로 제사를 드렸습니다. 아침에 일어나서는 다시 인정전으로 돌아가 정사를 돌보고, 밤에는 여막에 돌아가 문상을 오는 관리들을 맞아야 했습니다. 문종은 성격대로 어떤 핑계도 대지 않고, 아버지인 세종에게 예를 다하고자 했습니다.

"전하, 우선 전하의 몸을 돌보셔야 합니다."

신하들이 문종의 건강을 염려하며 몇 번이나 같은 말을 했지만 문종은 듣지 않았습니다. 자신이 부모에게 예를 다하는 모습을 보여야 백성들도 따를 것이라 생각했지요.

'아버지처럼 조선에 태평성대를 이룰 거야. 어떻게 하면 조선을 발전

시킬 수 있을까?'

문종은 여막에서 나온 뒤에는 몸을 사리지 않고, 과학과 문화, 국방에 이르기까지 계속해서 연구했습니다. 계속 무리하며 자신을 몰아세웠던 문종은 병에 걸리고 말았습니다.

"아버지의 뜻을 이어 조선을 살기 좋은 나라로 만들고 싶었는데…. 시간이 허락하지 않는구나."

문종의 병은 점점 악화되었습니다.

"내가 죽은 뒤에 어린 세자를 잘 보살펴 주게."

문종은 함께 연구했던 집현전 학자들에게 어린 세자_{단종}를 부탁하고는 1452년 5월 세상을 떠났습니다. 30년이라는 긴 세자 기간을 보내고, 왕이 된 지 2년 만에 죽고 만 것입니다.

백성들은 세종이 죽었을 때보다 더 큰 소리로 울며 애도했습니다.

세종을 닮아 모든 분야에서 뛰어났고, 세자 교육을 철저하게 받아 정치와 국방까지 두루 모르는 것이 없었던 왕. 그런데도 늘 연구하고, 겸손하던 왕이 죽자, 신하들은 나라가 끝나는 것 같이 울었습니다.

세종을 도와 훈민정음을 만들고, 측우기와 문종화차를 만들고, 꼼꼼하게 역사를 정리한 문종. 문종이 좀 더 조선을 다스렸다면 조선은 어떤 나라가 되었을까요?

사람들은 짧은 문종의 생애를 아쉬워하며 문종이 오래도록 조선을 다스리는 상상을 하곤 합니다.

조선 왕 BEST & WORST

BEST

책을 가장 좋아했던 왕?

조선 초기부터 왕들은 좋은 책을 만들기 위해 애썼어요. 조선의 건국 이념인 유교를 백성들에게 널리 알리기 위한 유교 서적, 한반도의 역사를 조선이 계승했다는 것을 알리기 위한 역사서, 전쟁에 요긴하게 쓰일 지리서 등을 주로 만들었지요.

특히 성종은 책을 좋아해서 다양한 분야의 책을 펴냈어요. 책을 더 많이 펴내기 위해 구리활자를 만들어 인쇄술도 발전시켰지요. 성종 때에 나온 책은 《동국통감》《동국여지승람》《악학궤범》 등이 있어요. 《동국통감》은 고조선부터 정리된 역사서이고, 《동국여지승람》은 우리나라 각 도의 근황, 지리, 봉수 등 세세한 내용을 정리해 놓은 지리책이에요. 《악학궤범》은 궁중의식에서 연주하던 음악을 그림으로 풀어 설명하고, 악기·의상·무대장치·무용의 방법·음악이론 등을 자세히 적은 책이에요.

WORST

혼자서 예술을 즐긴 왕?

조선의 폭군으로 유명한 연산군은 음악을 좋아했어요. 피리를 좋아해서 전국에서 풀피리를 잘 부는 사람들을 뽑아, 궁궐에 불러들이기도 했지요.

연산군은 특히 처용무를 좋아했어요. 처용무는 탈을 쓰고 추는 춤으로 연말에 궁중에서 악귀를 쫓는 놀이로 하던 것이었어요. 연산군은 처용무를 공연하기 위해 '흥청'을 만들어 수천 명의 무용수를 궁으로 부르기도 했어요. 이때 '흥청망청'이라는 말이 생겨났지요.

연산군은 점점 나랏일은 뒤로하고, 춤추고 노는 일에 집착했어요. 심지어 나랏일을 돌보라고 말하는 신하들은 모조리 죽이기도 했지요. 결국 연산군은 자리에서 쫓겨났어요.

왕VS대통령

어떻게 왕이 될까? 어떻게 대통령이 될까?

3 성종
모두가 믿고, 따를 수 있는 법을 만들 궁리

나는 조선을 안정시켰어!

성종의 성적표

정치	홍문관을 키워 사헌부, 사간원과 함께 삼사로 만들어 신하들을 견제했고, 임금에게 바른말을 할 수 있도록 했다.
문화	《동국통감》《동국여지승람》《동문선》《악학궤범》 등 다양한 분야의 책을 펴냈다. 구리 활자 30여만 자를 만들어 인쇄술을 발전시켰다.
법	《경국대전》을 만들어 반포했다.
교육	과거 시험을 수시로 실시하여 관리를 뽑았다. 중요한 인재를 길러내기 위하여 독서당이라는 독서연구기구를 만들었다.

1 사람마다 다른 판결을 내리네?

"오늘은 서쪽 지역을 돌아보자꾸나."

키가 크고, 덩치도 큰 양반 하나가 긴 비단 옷자락을 휘날리며 한양 이쪽저쪽을 샅샅이 살펴보고 있었습니다. 백성들이 모여 있는 곳은 가까이 다가가서 한참을 들여다보기도 했지요.

"전하, 오늘은 이만 돌아가시지요."

"쉿! 전하라니. 지금은 나리라고 부르라 하지 않았나."

"아, 네… 나리."

양반 옆에서 시중을 들던 노비가 이마의 땀을 훔치며 말했습니다. 한겨울인데도 너무 빨빨거리고 돌아다니는 바람에 노비의 이마에 땀이 송골송골 맺힐 정도였습니다.

"나온 김에 더 봐야 하지 않겠느냐."

"예, 나리."

양반은 성큼성큼 걸음을 옮겼습니다. 양반이 다른 마을로 가려고 할 때, 한 사내의 울음소리가 양반의 발목을 잡았습니다.

"아이고, 소인은 분명 세금을 냈다니까요. 억울하옵니다. 흑흑."

"이 명부를 보게. 세금을 냈다는 기록이 없지 않은가."

울음소리에 이어 관리의 고함이 들렸습니다.

"분명 저기 저 뒤에 서 있는 저 사람에게 냈습니다요."

사내는 이제 바닥에 주저앉아 땅을 치며 소리를 질렀습니다.

"내가 언제 받았단 말인가. 거짓말을 하고 있구먼. 어서 빨리 세금을 내지 못할까."

"이제 쌀이라고는 우리 가족이 겨울을 날 양식밖에 없습니다. 이것마저 내면 어찌 살라는 말씀입니까."

사내의 뒤에 서 있던 아내와 아들딸이 동시에 울음을 터트렸습니다. 가족의 울음소리와 안타까움에 웅성거리는 마을 사람들의 소리가 마을을 가득 채웠습니다.

"또 저 관리가 쌀을 떼어 먹었나 보네."

"쉿! 저 관리가 자네 말을 들으면 자네도 세금을 다시 내라 할지도 모르네. 조용하게."

동네 사람들은 모두 관리가 쌀을 빼돌렸다는 것을 알았습니다. 하지만 섣불리 나서서 말하지 못했지요.

"저 관리가 전에도 그런 적이 있었는가 보오?"

양반이 옆에 있던 농부에게 슬쩍 물었습니다.

"아이고 깜짝이야! 뉘십니까?"

"흠흠, 이 마을을 지나가던 길에 큰 소리가 들려 들어와 봤네."

"그러시군요. 저 관리는 전에도 그런 일이 있었습니다요. 만득이네 집에서 세금을 분명 냈는데 다시 쌀을 받아 갔거든요. 그걸 개똥이네가 보고 신고를 했는데, 그때 저 관리는 곤장 열 대만 맞고 풀려났습니다. 빼앗아 간 쌀도 돌려주지 않았지요. 그러고는 이번엔 개똥이네에 복수라도 하려는지 저렇게 두 번 세금을 걷으러 왔습니다요."

"그렇구나. 그런데 곤장 열 대는 누가 정한 것이냐?"

"관청에서 사또 나리가 정한 것이지요."

"어허, 저리 가벼운 벌을 내리니, 똑같은 죄를 또 저지르는구나."

"예? 그게 무슨 말씀이신가요? 그나저나 개똥이네가 불쌍해 죽겠습니다요. 혹시 양반 나리께서 아는 사람이 있다면 좀 도와주십시오. 어라? 나리?"

농부가 말을 하고 뒤를 돌아보았더니 양반은 벌써 저 멀리 걸어가고 있었습니다. 옆에 노비는 연신 땀을 닦으며 발걸음을 맞췄지요.

양반은 성큼성큼 걸어 궁궐 안으로 들어왔습니다. 그러고는 비단옷을 벗고 용포를 입었습니다. 양반으로 변장을 하고, 궁궐 밖을 살피던 사람은 조선 9대 왕 성종이었습니다. 성종은 얼른 오늘 본 것들을 기록했습니다.

2 대간들의 말을 듣고, 판단을 내리는 왕

성종은 13세에 왕이 되었습니다. 보통은 세자 때에 왕이 되기 위한 공부를 하는데, 세자를 거치지 않은 성종은 아무런 준비 없이 왕이 되었습니다.

성종의 아버지 의경 세자는 세조의 첫째 아들이었지만 일찍 죽고 말아서 왕이 되지 못했습니다. 세자의 둘째 아들인 예종이 왕이 되었지만, 예종도 즉위한 지 1년 3개월 만에 죽고 말았습니다. 그다음 왕은 예종의 아들인 제안 대군이나 의경 세자의 첫째 아들인 월산 대군이 물려받아야 했어요. 그런데 제안 대군은 나이가 어리다는 이유로, 의경 세자는 어려서부터 몸이 약하다는 이유로 성종자산군이 왕이 된 거예요.

성종이 왕위 계승 3순위였음에도 왕이 된 것은 성종이 한명회의 사위였기 때문이기도 했습니다. 한명회는 당대 최고의 권력가로 왕도 함부로 하지 못할 만큼 큰 권력을 가지고 있었습니다. 한명회와 더불어 신숙주도 쟁쟁한 권력을 가지고 있었지요. 관리들이 왕의 말보다 이들의 말을 더 무섭게 여길 정도였습니다.

13세의 어린 성종이 왕이 되자, 할머니인 정희 왕후가 대리청정˙을 했습니다.

'나는 세자 교육을 제대로 받지 못했어. 내가 알지 못하는 것이 생기면 저들은 그것을 트집 잡을지도 모른다. 이제부터 죽을힘을 다해 배워야겠어.'

성종은 어리고, 부족한 모습을 대신들 앞에서 보이기 싫었습니다. 그래서 빈틈없이 짜진 일정에도 핑계를 대지 않으며 열심히 했고, 틈틈이 부족한 공부를 하기도 했습니다.

오전 5시에 일어나, 대비전에 문안을 가는 것으로 시작하는 성종의 일과는 정사 돌보기, 회의, 궁궐점검, 상소문 읽기 등 빡빡하게 채워져 있었고, 대비전에 오늘 회의했던 것을 보고하고 돌아와 다시 공부하는 것으로 끝마쳤습니다.

'하, 오늘도 일과를 마쳤구나. 이렇게 배우면 언젠가 바른 정치를 할 수

대리청정 나이 어린 왕이 즉위했을 때 성인이 될 일정 기간 동안 궁궐의 어른이 국정을 대리로 처리하던 일을 말해요.

있을 거야.'

성종은 다짐하고 또 다짐했습니다.

대리청정을 하는 동안에는 정희 왕후가 모든 사안을 결정해야 했습니다. 왕후는 공정하고 현명하게 결정을 내렸지만 한명회와 신숙주처럼 힘이 센 관리들을 당해내지는 못했습니다. 결국 이들의 힘을 키워 주는 제도들이 다시 부활하기도 하고, 이들을 견제할 만한 세력들을 유배 보내고, 더 이상 관직에 나올 수 없도록 만들기도 했습니다. 모든 결정은 힘 있는 자들에 의해 좌지우지되었습니다.

"이제 전하가 스무 살이 되었으니 이 늙은이는 물러나겠소."

성종이 스무 살이 되던 해, 정희 왕후는 자리에서 물러나겠다고 선포했습니다. 대신들은 왕후를 말렸습니다. 성종이 전면에 나서면 자신들의 힘을 약하게 만들 수도 있으니까요. 그러나 왕후의 뜻은 단호했고, 7년간의 수렴청정이 끝났습니다.

'이 나라는 대신들의 말에 의해 좌지우지되었다. 이러니 누구도 법을 믿을 수 없지. 어떻게 해야 바른 법을 만들 수 있을까.'

성종은 왕이 된 후에도 손에서 책을 놓지 않았고, 관리들과 함께하는 경연도 빠지지 않았습니다.

이렇게 바쁜 중에도 성종은 종종 백성들이 어떻게 사는지 보기 위해 양반처럼 옷을 입고 궁궐을 빠져나갔습니다. 그들에게 정말 필요한 법이 무엇인지 직접 눈으로 보기 위해서였습니다.

3 백성들을 위한 법을 궁리하다

"이번에 궐 밖에 나가 보니, 억울한 사람이 관청에 나가 호소를 해도 그것을 관청에서 올바로 처리하지 못했다. 또 사람마다 내리는 판결이 달랐다. 이렇게 된 이유는 법보다 친분이나 그때의 감정으로 판결을 내리기 때문이다. 세세하게 적은 법전이 얼른 세상에 나와야 할 것이야."

성종은 세조 때부터 만들기 시작했지만, 아직 완성되지 못한 법전을 다시 만들기 시작했습니다. 세조 이전에도 법전이 있었지만 서로 다른 이름으로 나뉘어 있었고, 같은 죄라도 법전마다 판결이 달랐습니다.

세조 뒤를 이었던 예종도 법전을 완성하려 했지만, 갑자기 세상을 떠나는 바람에 법전을 마저 만들지 못했지요.

"가능한 모든 상황을 넣은 법전을 만들어야 한다. 법에 실리지 않은 이유로 부당한 처벌을 받는 백성들이 없어야 해."

성종과 관리들은 세금, 과거 제도, 외교, 노비 문제에 이르기까지 조사하고, 가장 좋은 법을 정하기 위해 이야기했습니다.

"오늘도 경연이 열린다고?"

"뭘 새삼스럽게 그러나. 전하가 언제 경연을 빼먹은 적이 있으신가?"

성종은 죽기 전까지 9,000회가 넘는 경연을 열었을 정도로 경연을 중요하게 생각했습니다. 법전을 만들 때도 관리들의 의견은 중요했습니다. 함께 뜻을 모으고 정리하는 데 경연만큼 좋은 것은 없었지요.

"전하, 공노비는 출산 전에 휴가를 주는데 그 일수를 정해서 주면 어떻사옵니까? 지금은 관청에 따라 출산 휴가를 주지 않는 곳도 있다 하옵니다."

"그래? 그렇다면 공노비에게 출산 전 30일, 출산 후 50일의 휴가를 주는 것으로 법전에 넣으면 어떠한가?"

"예 전하. 하온데 공노비의 남편에게도 휴가를 주면 어떻사옵니까?"

"좋은 생각이로구나. 그 남편에게도 출산 후 15일의 휴가를 주어 아내와 아이를 돌보도록 법전에 넣도록 하지."

신분 제도가 엄격했던 조선에서 노비나 상민들은 늘 차별을 받아야 했습니다. 이런 신분 제도를 바꾸지는 못했지만, 성종은 그 안에서 최대한 백성들이 살기 편하게 만들어 주고 싶었습니다.

그래서 법을 정리하며 약한 백성들의 권리를 지켜 주려고 노력했습니다.

4 유교 법도에 따라

 성종은 유교를 연구하는 유학자이기도 했습니다. 유교는 중국 공자의 가르침에서 시작된 도덕 사상으로 나라에 대한 충성과 부모에 대한 효도를 중시하는 사상을 말합니다. 조선은 건국할 때부터 유교를 받아들이며 정치이념으로 삼았습니다. '충성'을 강조하는 유교의 사상 덕분에 백성들은 임금을 존경하며 따랐습니다.
 성종은 유교 이념에 따라 궁궐의 제도들도 바꿔나갔습니다.

 "신하는 임금을 따르는 것이 아니라 의를 따라야 한다. 그것이 유교 정치이다."

 성종은 유교에서 가르치는 '충성'은 신하가 왕에게 해야 할 마땅한 말을 하는 것이라 생각했습니다. 무조건 충성해서 임금의 말이 모두 옳다고 하거나, 아첨하는 것은 맞지 않다고 생각했지요.

"앞으로 사헌부와 사간원은 왕과 신하들이 잘못할 때에 그것을 보고하고, 옳은 방향을 말하도록 하라. 또 지금 책을 보관하는 일을 하는 홍문관은 앞으로 경연을 담당하고, 왕에게 직접 자문하는 기관으로 만들겠다."

이후로부터 사헌부, 사간원, 홍문관은 '삼사'라고 불렸습니다. 삼사는 언론의 기능을 맡았습니다. 왕과 신하들이 유교 법도에 맞지 않는 일을 하거나 법에 맞지 않는 일을 하는지 감시하고, 그것을 아뢰는 역할을 했지요. 삼사의 역할이 커질수록 관리들의 비리나 부정부패는 줄어들었습니다.

삼사는 관리들뿐 아니라 임금에게도 바른말을 했는데, 그것이 지나칠 때도 있었습니다.

하루는 삼사의 대간들이 성종에게 아뢨습니다.

"전하, 창경궁 샘에 구리 수통을 만들어 넣었다 들었사옵니다."

성종은 대간들이 또 무슨 꼬투리를 잡았나 싶어 뜸을 들이다 말했습니다.

"그렇다. 창경궁 통명전 서쪽 마당에 있는 샘이 넘치는 것을 막기 위해 조그만 연못을 만들고, 샘과 못 사이를 구리 수통으로 연결하였다."

"그것은 잘못된 것이옵니다."

"통촉하여 주시옵소서."

성종의 얼굴은 금세 빨갛게 달아올랐습니다.

"또 무엇이 잘못되었단 말이냐. 구리로 만들면 견고하여 오래갈 것이다. 나무로 만들면 금방 썩을 것이고, 돌로 만들면 만드는 데 시간이 오래 걸릴 것이다."

성종의 말에도 대간들은 지지 않고 목소리를 높였습니다.

"구리로 만든 것은 사치한 것입니다. 나랏돈을 마구 쓰던 왕으로 기록되면 후세의 사람들이 흉보지 아니하겠나이까?"

성종의 벌게진 얼굴에서 땀이 나기 시작했습니다.

"흠…. 그럼 돌로 교체하도록 하라."

성종은 한숨을 한번 내쉬고는 대간들의 말에 따라 수통을 돌로 바꾸기로 했습니다. 이렇게 억지 비판도 많았지만 성종은 대간들의 힘을 억누르지 않았습니다. 대다수는 유교에 근거한 옳은 비판이기 때문이었습니다. 또 대간들이 바른말을 할수록 힘을 과시했던 옛 대신들의 힘은 약해졌습니다.

5 조선의 법,《경국대전》

1485년에 성종은《경국대전》을 펴냈습니다.

"세조 때부터 시작된 법전 편찬이 이제 마무리되어 나오게 되었다. 6전, 총 319개의 법을 적은 이 법전은 모든 수령 관리들이 볼 수 있도록 하고, 앞으로《경국대전》에 맞게 판결을 내리도록 하라."

성종이 즉위한 지 1년이 지났을 때, 최항이 1차 완성본을 올렸지만 성종은 내용이 부족하다고 생각해 법전을 반포하지 않았습니다. 그리고 여러 번의 수정을 거쳐, 성종 5년에 법전을 반포했습니다. 그러나 또다시 성종은 법전에 적히지 않은 내용을 보완했습니다. 결국 성종 16년에 이르러서야《경국대전》이 완성되었습니다.

성종은 계속 《경국대전》을 뜯어보고, 수정을 할 만큼 공을 들였습니다. 왕이 된 후 끊임없이 공부하던 성종의 끈기가 《경국대전》을 만드는 데 도움이 되었지요.

조선은 의정부 밑에 있는 6조가 정책을 집행했습니다. 《경국대전》도 6조에 맞춰서 6전으로 나뉘어 구성되었습니다. 6전은 《이전》《호전》《예전》《형전》《병전》《공전》으로 나뉘었는데, 《이전》에는 관직과 관청 등 국가의 통치와 관련된 법들이 들어 있었습니다. 《호전》에는 각종 세금 제도와 관리들의 녹봉, 가옥과 노비 등 경제와 관련된 규정을 다루었습니다. 《예전》에는 과거 제도나 외교, 혼인 등 지켜야 할 예들을 담았고, 《형전》에는 형벌과 재판, 재산 상속 관련 내용, 《병전》에는 국방과 군사에 관한 내용, 《공전》에는 도로, 교통, 건축과 도량형 등 산업에 관한 내용을 담았습니다.

"이제 법전이 완성되었으니, 법에 맞게 올바른 판결을 내리고 있는지 확인하러 가자꾸나!"

"예, 전하. 오늘은 어디로 가실까요."

환관은 법전을 다 만들고, 오랜만에 여유가 생긴 성종을 보니, 함께 신이 났습니다.

"세금을 빼돌리는 관리가 있던 관청으로 가 보자꾸나. 아! 가기 전에 먼저 《경국대전》에서는 어떻게 처벌하고 있는지 봐야겠다. 세금 제도와 관련된 법이니, 《호전》을 찾아보면 되겠구나."

74 궁리쟁이들

성종은 《호전》을 펴고, 관련 조항을 먼저 찾아보았습니다.

백성들이 세금으로 내는 쌀이나 곡식 등을 받아 중간에 가로챈 자는 본인이 죽어도 가족들에게 강제로 받아 낸다.

"그렇군. 이제 울고 있던 그 농부는 다시 쌀을 받을 수 있겠구나. 허허."
성종이 기분 좋게 웃고 있을 때, 대간이 성종을 찾아왔습니다.
"전하, 긴히 아뢸 말씀이 있사옵니다."
"무슨 일인데 이리 급하게 나를 찾는 것이오."
성종 앞에 사헌부 대간이 찾아와 엎드렸습니다.
"전하, 의정부 대신 한 사람이 뇌물을 받은 것이 드러났습니다."
"그렇단 말인가. 《경국대전》에 맞게 그 사람을 벌하면 되겠구나."
"그런데 그 사람의 자손이 생원 시험에 응시했다 하옵니다."
"《경국대전》에는 어떻게 하라고 적혀 있는가. 아니다. 내가 찾아보도록 하겠다. 과거 제도의 문제이니 《예전》을 보면 되겠구나."

뇌물을 받은 관리의 자손은 진사 생원 시험에 응시하지 못한다.

"《경국대전》에 이렇게 나와 있구나. 시험 본 종이를 없애도록 하라."
성종은 《경국대전》을 보고 명쾌한 답을 내렸습니다.

6 어떤 법이 좋은 법일까?

천지와 사계절에 맞춰도 어그러짐이 없고, 옛것에 고증하여 보아도 틀리지 않는다. 후세에 성인이 다시 나타난다 해도 자신이 있음이다.

이후에도 성자와 신의 후손이 함께 이룩한 이 법규를 거스르거나 잊지 않고 따른다면 문명을 갖춘 우리 국가의 다스림이 어찌 주나라의 융성함에만 비할 것인가?

억만년 무궁한 왕업이 마땅히 더욱더 끝이 없을 것이다.

《경국대전》의 맨 앞장에는 이런 말이 실렸습니다. 조선이 시작되면서부터 계속 고민하고, 고치기를 반복한 《경국대전》이 중국 주나라의 법전보다 훌륭하다고 자랑한 것입니다. 그만큼 이 법전에 대한 조선 관리들의 자부심은 높았습니다.

다음 또 그다음 왕이 왕위에 오르며 계속 필요한 법들이 생겨났습니다. 그럴 때마다 왕들은 법을 수정하기도 하고, 새로운 법전이 편찬되기도 했습니다. 이후의 모든 법전은 《경국대전》을 뼈대로 해서 바뀌었습니다. 또 새로운 법 앞에는 《경국대전》에서는 어떻게 쓰였는지를 표기해 《경국대전》의 권위를 인정해 주었습니다.

《경국대전》에는 유교 국가를 만든다는 생각이 담겨 있어, 과부의 재혼을 금지하는 등 여성의 지위를 낮추는 법이 들어 있는가 하면 석빙고에 있는 얼음은 왕실 가족과 정2품 이상의 관리들로 제한하는 신분 제도를 강화하는 법이 들어 있기도 합니다. 당시에는 당연히 여겨졌지만 지금 이런 내용이 헌법에 들어가는 것은 상상할 수도 없지요.

이 법전의 한계에도 불구하고, 《경국대전》은 관습법을 따라 마음대로 판결을 내리던 나라에서 '법'에 따라 동일한 판결이 적용되었다는 점에서 큰 의미가 있습니다. 또 법을 계속 들여다보고 고치며, 시대에 맞게 바꿔 온 것도 의미가 있지요.

《경국대전》을 들여다보고, 또 보았을 성종의 모습을 상상하며 지금 우리 헌법에 수정하면 좋을 법은 없는지, 어떤 법이 꼭 필요할지 우리도 궁리해 보면 어떨까요?

조선 왕 BEST & WORST

BEST

백성을 위한 제도?

태종은 억울한 일을 당한 백성들이 국왕에게 호소할 수 있는 길을 열어 주려고 대궐 문루에 신문고를 설치했어요. 백성들이 신문고를 두드려 직접 국왕에게 호소할 수 있다는 점을 수령들에게 알리려는 목적도 있었지요. 백성들이 신문고를 두드리기 전에 수령들이 백성들의 문제를 해결해 주기를 바라는 마음이었어요.

실제 신문고를 두드려 태종을 만나 억울함을 호소하고, 문제를 해결한 경우도 있었어요. 하지만 신문고를 치는 단계가 매우 복잡했고, 대궐에 붙어 있어서 지방에 사는 백성들은 신문고 제도를 활용할 수 없었어요.

WORST

국가의 발전을 막은 법

흥선대원군은 아들 고종이 왕이 되자, 어린 아들 대신 권력을 잡고 수렴청정을 시작했어요. 당시 청나라는 아편전쟁에서 영국에게 처참히 패하며 영국, 프랑스, 러시아 등 서구 열강에 상당한 이익을 양도해 준 상태였어요. 이것을 본 흥선대원군은 외세의 수교 요청을 모두 거절하고, 조선의 문을 닫아 버렸어요. 대원군은 '오랑캐의 침입에 맞서서 싸우지 않는 것은 화평하자는 것이며, 싸우지 않고 화평을 주장하는 자는 매국노이다.'라는 글을 새긴 척화비를 전국 각지에 세우고, 단호한 통상수교 거부정책을 펼쳤어요.

대원군의 통상수교 거부정책은 외세의 침략을 일시적으로 막는 데는 성공했지만, 근대화를 추진할 기회를 놓치고 말았어요. 쇄국 정책으로 조선은 점점 고립되었고, 결국 근대화가 뒤처지게 되어 일본의 식민지가 되고 말았지요.

왕VS대통령

왕의 권한과 의무? 대통령의 권한과 의무?

왕의 권한과 의무

조선 시대 왕은 뭐든지 마음대로 할 수 있었을 것 같지만, 왕을 견제하기 위해 만든 기관인 '대간'들이 반대하면 그 의견을 수용하는 경우가 많았어요. 또 가뭄이 들거나 자연재해가 있을 때, 심지어 세 발 달린 닭이 나왔을 때도 임금이 부덕한 탓이라 여겨 반성하라고 요구할 때도 있었어요.

대통령 권한

- 행정부의 최고 책임자로 행정부를 지휘함
- 장관을 임명함
- 국무회의를 열어서 나랏일을 의논하고 결정함
- 위급한 상황에 국군을 지휘할 수 있음
- 나라를 대표해서 외교활동을 할 수 있음
- 국회에 법을 제안하거나 국회가 만든 법을 거부할 수 있음
- 국무총리 대법원장 대법관 등을 국회의 동의를 얻어 임명할 수 있음

대통령의 의무

- 나라의 독립과 영토를 지킬 의무
- 나라와 국민을 지킬 의무
- 평화 통일을 위해 성실히 노력할 의무
- 대한민국의 법을 지킬 의무
- 취임 선서문을 통해 국민과 한 약속을 성실히 지킬 의무

모두가 믿고, 따를 수 있는 법을 만들 궁리 성종

외교 문제를 해결할 궁리
4 광해군

> 신하들만 도와줬어도 더 잘할 수 있었는데!

광해군의 성적표

정치	영창 대군이 반란을 일으킬 거라는 신하들의 말을 듣고, 이복동생인 영창 대군을 죽였다. 서인들과 능양군이 일으킨 인조반정으로 왕위에서 쫓겨났다.
국방	세자 시절, 임진왜란이 일어나자, 백성들을 돌보고, 군사들의 사기를 올리기 위해 애썼다. 임진왜란 후에도 무기를 개발하고, 군사들도 훈련시켰다.
외교	'명분'보다 '백성을 지키는' 외교 전략을 펼쳤다.
경제	경기도에서 시범적으로 대동법을 실시했다.
복지	《동의보감》을 펴내, 전쟁으로 고통받는 백성들에게 도움을 주려고 했다.

'명분'보다 '백성'을 생각했던 광해군과 함께
국민을 위한 외교는 무엇인지 궁리해 봐요!

1 누가 왕이 될까?

"복순아, 너는 누가 세자 저하가 될 것 같니?"

"음… 왕자님들 중 가장 총명한 광해군이 세자가 되지 않을까?"

"아무리 총명해도 광해군은 둘째잖아. 그래도 장자이신 임해군이 세자가 되겠지!"

"정말? 임해군은 사냥하고 놀기만 좋아하신다는 소문이 이미 다 났잖아. 그런 분을 세자로 세우실까?"

궁녀들이 옥신각신하고 있을 때, 또 한 명의 궁녀가 둘 사이에 끼어들었습니다.

"뭘 모르는 소리! 너희 둘 다 틀렸어. 전하는 인빈 마마를 가장 좋아하시니 인빈 마마께서 낳은 신성군을 세자로 삼으실 거야!"

궁녀들이 수군거리는 소리가 바람을 타고 궁궐 이리저리 옮겨 다녔습니다.

선조에게는 정실 왕비에게서 난 아들은 없고, 후궁에게서 낳은 아들이 많았습니다. 선조처럼 정실 왕비에게서 낳은 아들이 없을 때는 후궁에게서 낳은 아들 중 한 사람이 왕위를 이를 세자로 선택되었습니다.

신하 중에서도 광해군이 세자가 되었으면 좋겠다는 사람도 있고, 다른 왕자들을 추천하는 사람들도 있었습니다. 선조는 고민에 빠졌습니다.

'흠…. 이제 세자를 정해야 하겠는데…. 아무래도 총명하고 사리에 밝은 광해군이 낫겠지.'

선조는 광해군을 칭찬하는 신하들을 만나면 이렇게 생각했습니다.

'아니야. 아무래도 인빈에게서 낳은 신성군이 세자가 되는 게 나을 것이야.'

신성군을 세자로 추천하는 신하들을 만나면 또 이렇게 생각했지요.

선조가 쉽게 마음을 정하지 못하는 동안, 광해군은 열세 살이 되어 혼례를 치르게 되었습니다. 세자가 아닌 왕자들은 혼례를 치르면 궁 밖에 나가 살며 정치에 참여할 수 없었습니다.

혼례를 마친 뒤 궁을 나가며 광해군은 연신 뒤를 돌아보았습니다.

"지금 조선은 동인과 서인으로 나뉘어 싸우느라 주변 나라들의 상황을 살피지 못하는 것 같아. 아바마마가 조선 땅을 잘 다스리셔야 할 텐데…."

당시에 조선의 조정은 서인과 동인으로 나뉘어져 있었습니다. 이렇게 당을 나누어 서로를 견제하며 정치를 이끌던 것을 붕당정치라고 합니다. 붕당정치는 힘을 나누고 서로의 의견을 들어볼 수 있다는 좋은 점도 있었지만 서로를 모함하며 자기가 속한 당의 이익만 챙기려고 할 때도 있었습니다.

 광해군이 궁을 떠난 뒤에 당파싸움은 더욱 심해졌습니다. 서인이 광해군을 세자로 추천한다는 것을 안 동인은 선조에게 서인들이 인빈과 신성군을 죽이고 광해군을 왕으로 만들려 한다는 모함을 하기도 했습니다. 없는 일을 지어내어 상대 당에 상처를 입히는 방식으로 당을 이끌어나갔지요. 이런 정치 속에 조선 조정은 점점 곪아갔습니다.

2 어떤 왕이 좋은 왕일까?

　1592년, 부산 앞바다에 왜의 배가 떠오르기 시작했습니다. 조금씩 머리를 드러내던 배는 어느새 부산 앞바다를 가득 메웠습니다.
　"왜군이다! 왜군이 몰려온다!"
　아무런 준비도 되어 있지 않은 조선 땅은 난리가 났습니다. 왜군은 조선 사람들을 마구잡이로 죽이고, 마을에 불을 질렀습니다. 조총으로 무장한 왜군은 부산을 초토화하고, 점점 임금이 있는 한양으로 올라왔습니다.
　"어떡하면 좋단 말인가."
　선조의 심장이 빠르게 뛰었습니다. 20만 대군이 몰려오고 있다는 이야기에 신하들도 전부 긴장했지요.
　"명나라의 도움을 받아야 합니다."
　"종묘사직을 이으려면 전하의 옥체 먼저 보존하셔야 합니다."

"일단 피란을 가셔야 합니다. 왜군이 몰려오는 속도로 봐서는 곧 이곳까지 올 것입니다."

신하들은 두 무리로 나누어졌습니다. 한 무리는 선조에게 피란을 가야 한다고 재촉했습니다.

"전하께서 이 조정을 떠나시면 누가 이 땅을 지킨단 말입니까."

"전하, 이곳에서 후일을 도모하고 조선 군대를 지휘하시옵소서."

또 한 무리의 신하들은 임금이 한양에 남아 백성을 지켜야 한다고 말했습니다. 한참을 고민하던 선조가 입을 열었습니다.

"나는 피란을 가겠다. 피란을 가면서 관리들을 명나라로 파견하겠으니 자네들이 가서 명나라에 지원 요청을 하게나."

선조는 결국 궁을 떠나 피란을 가기로 했습니다.

"전하, 전하께서 피란을 가시면 백성들은 전하께서 백성을 버리고 도망갔다고 생각할 것입니다."

한 신하가 염려하며 아뢰었습니다.

"그렇다면 세자를 세우고 가겠다. 세자가 조선 백성들의 민심을 살피고 군인들의 사기를 높이는 일을 하면 될 것이야."

세자라는 말에 신하들의 눈이 커졌습니다.

"전하, 어떤 왕자를 세자로 세우시겠습니까?"

신하들의 말에 잠깐 고민을 하던 선조가 입을 열었습니다.

"세자는 광해군이다! 이제 광해군이 나를 대신해 이곳을 지킬 것이다."

선조는 광해군을 세자로 정한 뒤, 평양성으로 피란을 갔습니다. 왜군이 북쪽으로 계속 진격해 오자 나중에는 의주까지 올라갔지요. 선조가 가는 길마다 백성들은 임금을 욕하고 침을 뱉었습니다. 나라를 버리고 떠나는 왕이라는 소리가 메아리처럼 울려 퍼졌습니다.

얼떨결에 세자가 된 광해군은 선조의 명령대로 군사를 이끌고 전국을 돌아다녔습니다. 이때 조정이 둘로 나누어졌다 해서 '분조'라고 불렀습니다. 분조를 이끄는 광해군은 조선 곳곳을 돌아다니며 백성들을 만났습니다. 특히 의병들이 모여 있는 곳을 찾아가 그들을 위로하고, 사기를 높여 주기 위해 애썼습니다.

광해군이 가는 곳마다 백성들은 광해군을 칭찬하며 아직 조선이 자신들을 버리지 않았다고 생각했습니다.

'나라를 지키려면 나라 밖의 상황에 항상 밝아야 한다. 내가 임금이 되면 이유 없이 죽어가는 백성들이 없도록, 전쟁이 일어나지 않도록 할 거야.'

광해군은 전쟁으로 폐허가 된 집과 길거리에 아무렇게나 누워있는 시체들을 보며 다시 한번 다짐했습니다.

명나라는 조선의 지원 요청에도 한동안 지원군을 보내지 않았습니다. 조선보다 자기의 땅을 지키는 것이 중요했기 때문입니다. 조선의 관리들과 선조는 애가 탔습니다. 선조는 여러 차례 명나라에 호소했습니다.

결국 명나라는 1592년 7월에 약 3천 명의 기마병을 보냈지만 제대로 훈련도 받지 않고, 무기도 변변찮아서 크게 지고 말았습니다. 그 후 왜는 요동까지 쳐들어왔습니다. 왜군이 곧 명나라 땅에 들어올 것 같은 기세로 올라오자, 명나라는 두 번째 군대를 조선에 보냈습니다. 화포로 무장한 부대는 평양 전투에서 왜군을 격파했습니다.

"이겼다. 왜군을 싹 다 몰아내자!"

의병들과 이순신이 이끄는 수군도 각각 전투에서 승리의 소식을 전해왔습니다.

1598년, 7년 동안의 긴 전쟁이 끝났습니다. 광해군은 백성들과 함께 기쁨을 나누었고, 선조는 백성들의 싸늘한 눈초리를 받으며 다시 궁으로 돌아왔습니다.

# 조선을 둘러싼 나라들

임진왜란이 끝나자 선조의 이름은 땅에 떨어졌고, 반대로 광해군에 대한 칭찬은 끊이지 않았습니다.

'내가 아직 살아 있는 왕이거늘!'

선조는 광해군을 질투했습니다. 광해군은 선조의 미움을 받지 않기 위해 계속 마음을 졸여야 했지요. 게다가 선조는 다시 왕비를 맞이하여 영창 대군을 낳았습니다. 영창 대군은 정실 왕비에게서 낳은 아들이었기 때문에 영창 대군을 지지하는 세력이 생겨났습니다. 명나라에서는 광해군이 첫째 아들이 아니라는 이유로 세자로 승인해 주지도 않았지요. 광해군은 임진왜란이 끝난 뒤에도 궁에서 자리를 지키기 위해 계속 싸움을 이어 나가야 했습니다.

"임금님이 승하하셨다!"

"전하!"

1608년 선조가 갑자기 세상을 떠났습니다. 선조는 아직 어린 영창에게는 차마 왕위를 물려주지 못하고 광해군에게 왕위를 물려준다며 형제를 사랑하라는 유언을 남겼습니다. 광해군은 서른네 살의 나이로 왕위에 오르게 되었습니다.

광해군이 왕위에 올랐을 때는 아직 전쟁의 상처가 지워지지 않은 때였습니다.

"이제부터 대동법*을 시행해서 공납을 쌀로 받을 것이다. 또 한 당이 세력을 잡는 것은 위험하다. 앞으로 관리를 고루 등용해서 균형을 맞추도록 할 것이다."

광해군은 전쟁 후에 먹을 것이 없는 백성들을 위해 대동법을 시행했습니다. 또 당으로 나뉘어 싸움만 하는 관리들이 아닌, 진정 백성들을 위해 일을 하는 관리를 곁에 두고자 했습니다. 전쟁에서 상처 입은 백성들을 위해 허준에게 《동의보감》을 완성하라는 명령도 내렸습니다. 그리고 광해군은 가장 큰 문제인 '외교' 문제를 궁리하기 시작했습니다.

대동법 각 지역의 특산물로 세금을 받던 '공납'을 없애고 세금을 쌀로 통일하는 제도예요. 당시 관리들은 방납인에게 뇌물을 받고, 백성들이 비싼 값에 특산물을 사도록 하는 부정을 저질렀어요. 백성들은 실제보다 더 많은 세금을 내야 했던 거지요. 공납을 쌀로 받게 되면서 중간에서 부정을 저질렀던 방납인이 사라지고, 백성들의 부담은 덜어지게 되었어요.

'조선은 이제 막 전쟁을 끝냈다. 이런 시기에 누군가 쳐들어온다면 다시 무너져 내릴 수 있다. 어떻게 해야 약해진 이 나라가 살아남을 수 있을까?'

광해군은 좋은 생각이 나지 않을 때면 길거리에 쓰러져 있던 백성들의 모습을 떠올렸습니다. 그들에게 가장 좋은 정책이 무엇일지 고민하면 금방 답이 나왔습니다.

'지금은 전쟁을 피하고, 외교에 능한 인재들을 등용하는 게 급하다. 또 점점 세력이 커지고 있는 후금●에 대해 잘 알아봐야겠어.'

광해군은 당파를 막론하고 외교에 도움이 될 만한 인재들을 등용했습니다. 또 아직 후금에 흡수되지 않은 여진족들과 역관들을 통해 후금에 대해 조사했습니다.

광해군의 노력 덕에 조선에는 임진왜란 이후 아슬아슬한 평화가 유지되고 있었습니다.

후금 여진족 족장인 누르하치가 세운 나라입니다. 누르하치는 1583년(선조 16년) 경부터 중국 대륙에서 여러 부족으로 흩어져있던 여진족을 통일했습니다. 누르하치는 1589년(선조 22년) 스스로를 왕으로 칭하며 명을 위협하는 세력으로 떠올랐습니다.

"전하, 후금이 명나라를 공격했다고 합니다! 명나라에서 조선에 지원군을 요청했습니다!"

잠깐의 평화를 시샘하듯 다시 전쟁의 바람이 조선 땅에 불어오고 있었습니다.

4 명분이 중요한가, 우리 백성이 중요한가

"어서 군대를 파병하심이 옳습니다."

"예에 따라 얼른 파병하시지요."

"임진왜란 때 명나라가 도와주었듯 우리도 의리를 지켜야 합니다."

대신들이 입을 모아 주청을 올렸습니다. 당시 조선의 관리들은 성리학을 배운 유학자들이었습니다. 성리학에서 말하는 대로 유교 경전을 중시했으며, 의리와 명분, 절개를 강조했습니다. 이들은 명나라와 조선의 관계에서도 명분과 의리를 중요하게 여겼습니다.

한동안 아무 말도 하지 않던 광해군이 벌떡 일어나며 말했습니다.

"자네들은 명나라의 신하인가 조선의 신하인가!"

당연히 군사를 파병할 줄 알았던 관리들은 깜짝 놀라 눈동자만 굴렸습니다.

"자네들이 해야 할 일은 우리 백성들을 돌보고 그들에게 필요한 것이 무엇인지를 아는 것이네. 예나 의리, 명분을 따지며 백성들을 전쟁 속에 몰아넣는 것이 아니고 말일세!"

대신들은 명분을 지키지 않는 광해군을 이해할 수 없었습니다. 당시 관리들은 명나라는 황제의 나라이고, 여진족이 세운 후금은 오랑캐의 나라라고 생각했습니다. 당연히 오랑캐 나라를 꺾고, 황제의 나라를 도와야 한다고 생각했던 것이지요. 광해군 또한 명분만을 내세우며 조선의 미래와 백성들을 생각하지 않는 대신들을 이해할 수 없었습니다.
광해군은 명나라에서 온 문서를 뚫어지게 쳐다봤습니다.

"이 문서는 명 황제가 직접 보낸 문서가 아니로구나. 그러니 진짜 명나라에서 온 건지 알 수 없다. 나는 군대를 파병하지 않겠다."

광해군은 여러 핑계를 만들어 파병하지 않았습니다. 또한 조선이 임진왜란 후 아직 회복되지 않았다는 것을 알리기 위해 사신을 보내기도 했습니다.
"전하 또다시 명에서 지원 요청이 왔습니다."
"이제는 정말 출병을 하셔야 합니다."
"전하, 의리를 지키시옵소서."

신하들은 더욱더 거세게 파병할 것을 요청했습니다.

'명나라에서 지원 요청이 끊이지 않고 오는구나. 더는 핑계를 댈 수도 없겠어. 어찌하면 이 고비를 넘길 수 있단 말인가.'

다시 궁리하던 광해군이 말했습니다.
"알겠네. 강홍립 장군에게 조선군 1만 명을 주고 전쟁에 나가도록 하겠다."
파병한다는 광해군의 결정에 대신들의 표정이 밝아졌습니다.

5 광해군의 실리외교

　결국 1619년 2월 광해군은 강홍립 장군이 이끄는 1만 명의 군사를 만주로 보냈습니다. 하지만 광해군은 파병 전에 강홍립 장군을 은밀히 불러 말했습니다.

　"그대에게 특별히 내릴 명령이 있네. 장군은 군대를 이끌고 명나라로 가시오. 그리고 적당한 때를 봐서 후금에 항복하시오. 우리 군인들이 다치지 않도록 말이요. 지금 우리는 후금을 이길 수 없소. 명나라에 압박이 심하니 보여주기 위해 파병을 하는 것이요. 후금에 항복한 뒤에 가서 나의 이야기를 전하도록 하시오."

　강홍립 장군은 광해군의 명령에 깜짝 놀랐습니다. 전쟁에서 지고 돌아

오라는 것은 처음 들어보는 명령이었습니다.

강홍립 장군은 전쟁에 나갔습니다. 명나라는 조선의 군대가 온 것을 반겼습니다. 명나라의 군대와 강홍립 장군이 이끄는 조선군은 만주에서 후금과 만났습니다. 이 전투에서 명나라의 패배가 확실해지자, 강홍립 장군은 광해군의 명령에 따라 항복했습니다.

"후금의 누르하치와 만나게 해 주시오."

강홍립 장군은 붙잡히자마자 누르하치를 찾아가 광해군의 뜻을 전했습니다.

"조선의 왕께서 나를 통해 말을 전하라고 하셨소. 우리 조선은 후금과 화친을 맺고 싶소. 하지만 지금은 명나라의 요구를 저버릴 수 없소. 그래서 내가 전쟁에 나와서 쉽게 항복한 것이오."

강홍립 장군의 말을 들은 누르하치는 광해군의 책략을 반기며 군사들을 풀어 주기로 했습니다. 명나라의 의심을 받을 수도 있으니 한동안 후금에 머물다 가라는 배려까지 해 주었지요. 후금에 머물게 된 강홍립 장군은 다시 광해군의 명령을 떠올렸습니다.

"후금으로 가게 되면 그곳의 동태를 정확히 살피고 오시오."

강홍립 장군은 후금 여기저기를 돌며 후금의 군사력을 살폈습니다. 그러고는 조선에 돌아와 광해군에게 후금의 상황을 전했습니다.

'역시 후금은 예전에 우리가 알던 나라가 아니다. 세력이 걷잡을 수 없이 커지고 있으니. 화친을 맺고, 우리 군대도 잘 정비해야 한다.'

광해군은 수많은 전쟁의 위험을 하나하나 넘고 있었습니다. 하지만 이런 광해군에게 힘이 되어 주어야 할 조선의 관리들 사이에서 임금을 바꾸어야 한다는 이야기가 조심스럽게 새어 나오기 시작했습니다.

6 나라 안의 전쟁

"전하, 전쟁에서 패하고 돌아온 강홍립 장군에게 벌을 내리셔야 하옵니다."

"전하, 오랑캐와 화친을 맺다니요! 있을 수 없는 일입니다!"

신하들의 반발은 더욱 심해졌습니다.

'저들은 왜 명나라의 속셈을 알지 못할꼬. 명나라도 자신의 이익을 위해서만 움직이거늘. 임진왜란 때도 명나라는 우리의 파병 요구에 한참이나 뜸을 들이다가 왜가 자신들의 코앞까지 와서야 파병을 했다. 저들은 우리를 도와준 게 아니라 자기 나라를 지킨 것이야. 이걸 왜 우리 대신들은 모른단 말인가.'

광해군은 답답했습니다. 이런 때에 영창 대군이 반란을 일으키려 한다는 상소가 올라왔습니다. 광해군은 나라 밖이 어수선한데 나라 안까지 어수선해지는 것을 원하지 않았습니다. 결국 광해군은 영창 대군을 죽이고, 영창 대군의 어머니인 대비를 서궁에 가두었습니다.

"선조의 적장자인 영창 대군을 죽이다니요!"
"대비마마까지 궁에 가두다니. 이건 패륜 중 패륜이오!"
"명나라에 의리를 저버린 것도 패륜이 아니면 무어란 말이오!"
평소 광해군에게 불만이 많았던 신하들은 이 틈을 놓치지 않았습니다.
"능양군을 왕으로 세웁시다."
1623년 능양군을 왕으로 세우려는 무리가 궁으로 쳐들어왔습니다. 역모에 대해 전혀 모르고 있던 광해군은 궁에서 쫓겨났습니다. 이 사건을 '인조반정'이라고 합니다.
궁에서 쫓겨나 귀양을 살면서도 광해군은 나라 걱정뿐이었습니다.

'이제 저들이 권력을 잡았으니 명을 황제로 섬기며 후금과의 교류를 끊을 것이다. 그렇다면 다시 조선 땅에 전쟁이 일어날 것이야. 이를 어쩌면 좋단 말인가.'

광해군의 염려대로 왕이 된 인조는 관리들의 말에 따라 후금과의 관계를 끊고, 다시 명나라와만 친하게 지냈습니다. 이것을 알게 된 후금은 조선을 침략했습니다. 첫 번째 침략에서 후금은 자신의 나라를 임금의 나라로 섬기라고 요구했습니다. 조선이 이 요구를 받아들이지 않자, 그 사이에 이름을 '청'이라 바꾼 후금이 다시 조선을 쳐들어왔습니다.

"어서 명나라에 파병 요청을 하시오!"

인조는 다급하게 피란을 가며 명나라에 파병 요청을 했습니다. 그러나 이미 청나라에 포위를 당한 뒤라 너무 늦은 때였습니다.

"항복하겠네…."

결국 인조는 청나라에 항복했습니다. 인조는 항복의 의미로 청 태종 앞에서 세 번 절하고 머리를 아홉 번 조아리는 항복 의식을 거행했습니다. 이 항복 의식을 '삼전도의 굴욕'이라고 합니다. 청나라는 항복을 받아내며 어마어마한 요구 조건도 제시했습니다. 명나라와 관계를 끊고 청나라를 왕으로 섬기는 것, 조선의 세자를 청나라의 인질로 보내는 것, 청나라에서 요구하는 공물과 공녀를 바치는 것이었습니다. 조선은 이 모든 것을 받아들일 수밖에 없었습니다.

청나라의 어마어마한 요구를 들어주고 나서야 관리들은 광해군의 외교 정책이 옳았다는 것을 깨달았습니다. 그러나 자신들이 반정으로 내쫓은 왕이었기 때문에 역사에는 광해군의 업적을 바르게 기록해 놓지 않았습니다.

한참이 지난 뒤에야 광해군은 사대주의에서 벗어나 가장 현실적인 외교로 백성들을 지키려 한 왕이라는 평가를 받게 되었습니다.

현대에는 국경이 맞닿아 있는 나라뿐 아니라 다른 대륙에 있는 나라들과도 정치, 경제, 문화 외교를 맺고 있습니다. 정치적, 군사적으로 외교를 맺어 나라를 지키기도 하고, 경제와 문화 외교를 맺으며 수익을 얻고, 우리 문화를 전파하기도 합니다. 이런 과정에서 외교 갈등이 생기기도 하지요. 지금 우리나라와 갈등을 겪고 있는 나라는 어떤 나라가 있을까요? 내가 대통령이라면 어떤 식으로 문제들을 풀어나갈까요? 함께 궁리해 보아요!

조선 왕 BEST & WORST

BEST

성공한 외교?

　세종은 집권 초기부터 왜구 때문에 머리가 아팠어요. 왜구는 틈만 나면 조선 땅에 들어와서 해안 지역에 사는 백성들을 괴롭혔어요. 세종은 고심 끝에 왜구의 소굴인 대마도를 정벌했어요. 이 토벌로 오랜 기간 왜구는 조선 땅에 침입할 수 없었지요.

　그후에도 세종은 일본과의 수교를 아예 닫아버리지는 않았어요. 토벌 이후에 대마도주에게 조건을 걸고 남해안의 부산포, 제포(진해), 염포(울산) 등 3포를 개항했어요. 그 조건은 대마도주가 왜구를 통제하겠다는 약속과, 대마도주로부터 조공을 받는 것이었어요. 세종은 왜구를 관리하기 위해 왜관을 지어 허가받은 일본인들이 머물며 교역할 수 있도록 했어요. 이후에도 세종은 일본에 통신사를 보내 일본의 정세와 사정을 살폈어요. 덕분에 조선 초기에는 우리가 주도권을 잡고 일본과 교역을 할 수 있었어요.

WORST

실패한 외교?

　1589년, 일본은 조선에 외교 문서를 보냈어요. 문서에는 '우리가 명나라를 치러 갈 것이니 조선은 길을 비켜 달라.'라는 말이 쓰여 있었지요. 명나라로 가기 위해서는 한반도를 지나가야 하는데 조선은 땅을 비워달라는 말이었어요. 한마디로 조선을 무시하는 외교문서였지요.

　이때 왕이었던 선조는 일본에 통신사를 보냈어요. 그런데 일본에 다녀온 두 관리는 서로 다른 이야기를 했어요. 서인 관리는 일본이 곧 전쟁을 일으킬 것 같다고 말했고,

동인은 일본이 그냥 말만 그렇게 한 것이라고 했지요. 당시 조선은 붕당정치가 극심해서 서인과 동인은 항상 다른 의견을 내고 싸우는 게 일이었어요. 선조는 동인의 의견을 받아들였고, 전쟁 준비를 하지 않았어요. 결국 1592년에 임진왜란이 일어났고, 조선은 큰 피해를 당했어요.

왕 VS 대통령

왕 폐위? 대통령 탄핵?

왕을 폐위시킨 일?

단종: 삼촌인 세조에게 왕위를 빼앗겼어요. 충신들이 다시 단종을 왕으로 만들려고 했지만 결국 열일곱 살의 나이로 죽고 말았어요.

연산군: 조선 최악의 폭군이었던 연산군은 신하들에 의해 왕위에서 쫓겨났어요. 연산군은 쫓겨난 지 두 달 만에 유배지에서 죽었어요.

광해군: 당시에 권력을 잡고 있었던 서인들에 의해 폐위되었어요. 서인들은 광해군이 동생을 죽이고 어머니를 내쫓았다는 것, 명나라를 돕지 않고 청나라와 친하게 지내는 패륜을 저질렀다는 점을 들어 광해군을 내쫓았어요.

고종: 일제는 고종의 부인인 명성황후를 죽이고, 고종마저 폐위시켰어요. 고종이 1907년 헤이그 만국 평화 회의에 특사를 보내 을사늑약이 무효인 것을 알리려 했다는 것이 이유였어요. 그 뒤로 아들인 순종이 왕이 되었지만, 조선은 결국 일본의 식민지가 되고 말았어요.

탄핵?

대통령, 국무총리, 국무위원, 행정부 각부의 장, 헌법 재판소 재판관, 대법관 등 고위 공직자가 헌법이나 법률을 어겼을 때 시행하는 헌법 재판 제도예요.

탄핵 과정

1. 국회가 탄핵 소추 의결을 할 수 있어요. 대통령은 국회 의원 2/3 이상이 찬성해야 하고, 나머지 고위 공무원은 1/2 찬성해야 해요.
2. 국회에서 소추안이 의결되면 헌법 재판소가 법에 따라 심판을 해요. 이때 탄핵 소추 의결을 받은 대통령은 권한을 행사할 수 없어요. 국무총리가 권한을 대행하지요.
   헌법 재판소 재판관은 9명으로 구성되는데, 재판관 6명 이상 찬성할 때 탄핵이 돼요.

5 숙종
경제를 발전시킬 궁리

> 내 힘을 먼저 키우고, 하고 싶은 정치를 했어!

숙종의 성적표

정치	여러 차례 '환국'을 일으키며 신하들이 힘을 키우지 못하도록 했다.
국방	백두산정계비를 세워 국경을 확정했다.
외교	일본에 통신사를 파견해 울릉도를 조선의 땅으로 확인받았다.
경제	상평통보를 전국적으로 유통해 상업을 발전시켰다. 대동법을 전국적으로 실시했다.
복지	군포를 2필로 정해 백성의 부담을 줄여 주었다. 대기근으로 백성들이 힘들어하자 모아두었던 정부미를 백성들에게 나누어 주었다.

1 강한 왕 숙종

무더위가 끝날 줄 모르고 계속되던 1674년 8월, 창덕궁 인정전에서 임금님 즉위식이 열렸습니다. 늙고 노련한 신하들이 고개를 숙여 어린 왕에게 절했습니다.

조선의 새 왕, 숙종은 인정전을 가득 메운 신하들을 휘둘러보았습니다. 그러고는 인정전 밖에 있을 백성들을 생각했습니다.

'나는 강한 왕이 될 것이다. 강한 왕이 되어서 백성들을 위한 정치를 할 것이야.'

숙종은 14살의 어린 나이에 왕이 되었습니다. 숙종이 왕이 되었을 때는 서인과 남인이 치열하게 대립하고 있었습니다. 인조 때에 일어났던 병자호란을 아직도 완벽히 극복하지 못했지만, 서인과 남인은 번번이 다투며 조정을 어지럽게 만들었습니다. 숙종은 서인과 남인의 힘을 약하게 만들고, 왕의 힘을 세게 만들 계획을 세웠습니다. 첫 계획은 임금이 된 지 얼마 안 되어 실행에 옮겼습니다.

'지금은 서인의 세력이 세니 서인 세력을 제거해야겠어. 송시열을 유배 보내자!'

숙종은 서인에서 가장 영향력 있는 인물인 송시열의 죄를 따져 멀리 유배를 보냈습니다. 송시열은 숙종의 아버지 현종과 할아버지인 효종까지도 어려워했던 인물이었지만 숙종은 거침없이 그를 제거했습니다.

"전하, 송시열 선생은 우리 모두의 스승이옵니다!"

"송시열 선생님을 풀어 주십시오!"

송시열을 따랐던 서인들의 반발이 거셌습니다. 하지만 숙종은 이에 굴하지 않았습니다.

"자네들은 스승만 중요하고, 군주의 뜻은 중요하지 않은가!"

단호한 숙종의 태도에 서인들은 몸을 사리기 시작했습니다. 자기들도 송시열처럼 유배형에 처할 수도 있다고 생각했지요.

반대로 남인들은 서인 세력이 제거되자 다시 기세등등해졌습니다. 숙종은 남인 세력이 힘을 얻는 것도 원하지 않았습니다. 남인이 자기 마음대로 정치를 이끌어가려고 하자, 숙종은 남인들의 약점을 잡기 위해 살펴보기 시작했습니다. 때마침 숙종의 눈에 영의정 허적의 허점이 보였습니다.

"임금의 허락을 받지 않고, 궐의 천막을 빌려 가다니! 당장 영의정에게 사약을 내리고, 함께 잔치를 벌인 남인들도 쫓아내도록 하라!"

남인 중에 가장 높은 지위를 얻은 영의정 허적이 집에서 잔치를 열기 위해 궁궐에서 천막을 빌려 가자, 숙종은 이 죄를 물어 허적을 제거했습니다. 서인과 남인은 임금이 자기 당을 공격할 때는 반발했지만 반대로 상

대 당을 공격할 때는 임금을 지지했습니다. 덕분에 숙종은 마음에 들지 않는 사람들을 제거할 수 있었지요.

숙종은 이후에도 계속 서인과 남인 세력을 견제하며 왕의 힘을 강하게 만들었습니다. 두 세력을 견제하기 위해 서인이 세운 인현 왕후를 궁에서 내쫓고, 남인 측인 장희빈을 중전에 자리에 앉히기도 했습니다. 후에는 다시 인현 왕후를 중전의 자리로 되돌려 놓고, 장희빈에게 사약을 내리기도 했습니다. 왕비가 정해지면 왕비의 아버지, 오빠, 동생들이 힘을 얻기 마련이었습니다. 숙종은 이들이 힘을 키우지 못하도록 왕비를 폐위시키기도 하고, 사약을 내리기도 한 것입니다.

"전하가 너무 이랬다저랬다 하시는 게 아닌가…."

"그래도 서인만 공격하시는 게 아니라 남인도 공격하시니 다행이지 않나."

"그래도 꼭 죄를 물어 벌하시니 뭐라 할 수가 없네."

이렇게 숙종이 서인과 남인 세력을 제거하고, 집권 세력을 바꿔버린 일을 '환국'이라고 합니다. 숙종 때에 3차례의 환국이 일어났고, 51명의 신하가 죽임을 당했습니다. 파직이나 유배를 당한 사람도 많았습니다.

숙종이 환국을 세 번이나 할 수 있었던 건 숙종이 '적장자'였기 때문이기도 했습니다. 적장자는 왕의 큰아들이 왕이 되는 것을 말하는데, 조선에서 적장자로 왕위에 오른 임금은 단 7명에 불과했습니다. 그중 적장자에서 적장자로 왕위가 계승된 것은 단종과 숙종뿐이었습니다. 정통성을 중요하게 생각했던 조선 왕조에서 숙종은 200년 만에 세워진, 가장 정통성을 가진 왕이었지요.

게다가 어린 왕이었지만 신하들을 두려워하지 않았고, 주관이 뚜렷해서 어떤 일이든지 빠르게 결정하고 추진했기 때문에 나이 많은 신하들도 왕을 따를 수밖에 없었습니다.

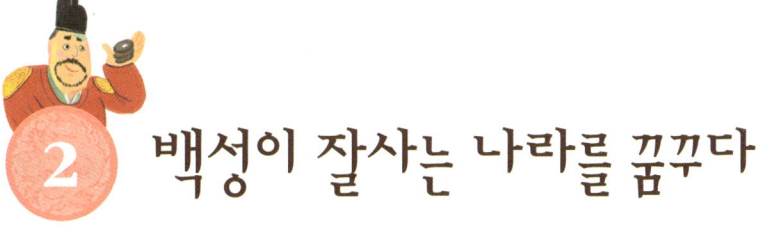

2 백성이 잘사는 나라를 꿈꾸다

'이제 나의 힘이 세졌으니 백성들을 돌보아야지. 부패한 관료들 때문에 시행하지 못했던 법이 있다면 얼른 시행하도록 해야겠어.'

숙종은 조선 백성들을 살피기 시작했습니다. 그중 가장 관심을 가진 건 백성들의 '가정 경제'였습니다.

'가정 경제가 어떠한지 직접 그 이야기를 들어보고 싶은데. 암행어사를 파견해 백성들의 가정 경제를 확인해야겠다.'

숙종은 암행어사로 세울 만한 사람을 골라 그들에게 비밀 어명을 내렸습니다. 어명을 받은 암행어사들은 각 지방으로 흩어져 백성들의 삶을 직접 눈으로 보고, 백성들을 괴롭히는 마을 수령들을 찾아냈습니다.

"전하께서 말씀하신 고을을 살피고 돌아왔사옵니다."

한 암행어사가 임무를 마치고 궁에 들어와 보고했습니다.

"그래, 요즘 백성들의 삶은 어떠한가."

숙종은 암행어사를 뚫어져라 쳐다보며 물었습니다.

"전하, 제가 갔던 지역은 홍수가 나서 백성들이 지었던 농작물이 다 떠내려가고 없었사옵니다. 그런데도 마을 수령은 세금을 걷으러 왔사옵니다. 마을 곳곳에 백성들의 울음소리가 깊게 배어 있었습니다."

"그랬구나. 알겠다."

숙종은 암행어사의 말을 듣고, 상심에 빠졌습니다.

'백성들은 아직도 고깃국 한 그릇 마음껏 먹지 못한다. 특히 자연재해를 입은 백성은 자기가 먹을 것도 없는데, 다시 세금을 내야 하는구나. 어려움을 당한 백성들을 먼저 돌아봐야겠다. 좋은 방법이 없을까?'

며칠 뒤, 숙종의 어명이 떨어졌습니다.

"재해를 입은 고을은 군필을 조금만 내도록 한다. 또 정부미•를 갚지 못한 세대 중 세금을 낼 자손이 없는 집안에 대해서는 모두 탕감해 주도록 하라!"

숙종의 어명이 떨어지자, 세금 걱정에 발만 동동 구르던 백성들이 조금이나마 마음을 놓을 수 있게 되었습니다.

"쉿! 자네는 누구에게도 이야기하지 말고, 지금 당장 충청도에 가서 대동법이 잘 지켜지고 있는지, 관리들의 수탈은 없는지 보고 오도록 하라."

숙종은 계속 암행어사를 임명해 각 지방으로 내려보냈습니다. 암행어사가 자주 내려오자 각 지방의 수령들도 늘 긴장하고 있어야 했지요. 덕분에 지방 수령들과 손을 잡고 부정을 저지르던 중앙 관리들도 점점 줄어들었습니다.

정부미 가난한 백성에게 정부가 빌려주는 쌀이에요.

3 상업을 발전시킬 방법이 없을까?

"모내기법이 그렇게 효과가 좋단 말이냐."

숙종이 갑자기 늘어난 쌀 수확량을 보고, 놀라 물었습니다.

"네, 전하. 모내기법으로 농사를 지으면 수확이 배로 늘어난다 하옵니다."

"잘됐구나. 아직 모내기법을 모르는 지방이 없는지 보고, 모르는 곳이 있다면 가르쳐 주도록 하라."

모내기법은 벼를 심는 방법으로 벼 모종을 바로 논에 심지 않고, 못자리에서 벼를 어느 정도 키운 다음에 논에 옮겨 심는 방법을 말합니다. 모내기법으로 농사를 지으면 못자리에서 벼가 자라는 동안 논에서 보리를 키울 수 있기 때문에 두 배로 수확물이 생겼습니다. 이렇게 수확량이 늘어나자, 농사로 돈을 많이 벌어 양반보다 돈이 많은 상민도 생겨났습니다.

수확량이 늘어 농민들이 기뻐하고 있을 때, 또 다른 기쁜 소식이 들려왔습니다.

"대동법을 전국에 시행하도록 한다."

숙종은 대동법을 전국적으로 시행하도록 어명을 내렸습니다. 대동법은 세금 중 하나인 공납을 특산품으로 내지 않고 쌀로 내는 것을 말합니다. 대동법이 시행되고 있는 지역도 있었지만, 시행되지 않는 지역의 백성들은 여전히 특산물로 세금을 내야 했기 때문에 백성들의 고통은 이만저만이 아니었습니다.

"여보게! 우리 지역에도 대동법이 시행된다네!"

"그게 정말인가? 그럼 이제 쌀로 세금을 내면 된단 말이야?"

대동법이 시행된다는 얘기를 들은 개똥이와 순돌이가 서로 얼싸안고 눈물을 흘렸습니다.

"그럼 이제 특산물을 내기 위해 방납인들에게 10배나 되는 값을 치르고 특산물을 사지 않아도 되겠구먼."

"그러게 말이야. 게다가 모든 땅에 세금을 걷어서 양반들도 세금을 내야 한다네."

"고것 참 잘 됐구먼. 돈 없는 상민들 세금만 걷어가더니 이제야 양반들도 세금을 내네! 아, 그럼 땅이 없는 순돌이 자네는 세금을 내지 않아도 되겠구먼. 잘됐네!"

대동법은 광해군 때 경기도에서 시행된 것을 시작으로, 효종 때에는 충청도와 전라도에 시행되었고, 숙종 때에 이르러 전국적으로 시행되었습니다. 대동법이 전국적으로 시행되자 전국 방방곡곡에서 백성들이 환호성을 지르며 기뻐했습니다.

대동법이 시행되자 신이 나는 건 백성들뿐이 아니었습니다. 땅을 많이 가지고 있는 양반에게도 세금을 걷으니 나라의 재정도 더 튼튼해졌습니다.

쌀로 세금을 걷자, 궁궐에서는 직접 필요한 물건을 구매해야 했습니다. 궁의 물품을 관리하는 관리는 필요한 물건이 무엇인지 기록했고, 이 물건을 가져다주는 사람이 생겼습니다. 이런 일을 하는 사람을 '공인'이라 불렀습니다.

"궁에서 필요한 물건이오."

관리가 물건 목록이 적힌 종이를 내밀었습니다.

"나리, 이건 제가 쌀 1말에 팔도록 하겠습니다."

궁에 물건을 파는 공인들이 점점 늘어나자 수공업이 발전하고, 물건을 사고파는 일이 늘어나 상업과 경제도 발전하기 시작했습니다.

4 상평통보를 다시 만들다

'수공업과 시장이 점점 발전하고 있는데, 시장에서 쌀이나 옷감으로 물건을 바꾸니 불편하지 않은가. 무거운 쌀을 이고 장에 가는 것도 힘겨워 보이는데.'

숙종은 시장을 이용하는 백성들의 모습을 가만히 지켜보고는, 더 좋은 방법이 없을지 궁리하기 시작했습니다.

"다시 상평통보를 만들어 사용하도록 하겠네."
숙종은 화폐를 만들라는 어명을 내렸습니다. 하지만 신하 몇몇은 걱정하는 목소리를 냈습니다.
"전하, 화폐는 이미 선왕들께서 몇 번이나 쓰려고 했지만 백성들이 사용하지 않아 없어지고 말았습니다. 이번에 화폐를 만든다고 하여 백성들이 사용하겠습니까."

"맞사옵니다. 백성들이 사용하지 않으면 만들어 둔 화폐는 다 무용지물이 되고 마옵니다."

숙종은 이에 굽히지 않고 말했습니다.

"그때와 지금은 다르네. 지금은 시장이 더 커졌고, 물건을 사고파는 사람이 많아졌으니 이제 다들 화폐를 사용할 것이야. 먼저 한성에서 사용해 보도록 하지."

숙종은 다시 상평통보를 만들었습니다. 상평통보는 구리와 주석을 섞어 만든 동전으로 '널리 평등하게 통용되는 보배'라는 뜻입니다. 인조 때 처음 만들어졌던 상평통보는 당시에 백성들이 사용하지 않아 없어지고 말았습니다.

숙종의 생각대로 다시 만들어진 상평통보는 한성에서부터 쓰이기 시작했습니다. 관리들의 생각을 비웃듯, 상평통보는 점점 퍼져나가 전국적으로 통용되었습니다.

"이렇게 편한 걸 왜 안 썼는지 모르겠네!"

"그러게 말이야. 사용하기도 편하고 보관하기도 편하니 말이야."

백성들도 점점 화폐에 익숙해져 갔습니다. 물건을 쉽게 사고팔 수 있으니 시장에서 판매하는 물건들도 늘어났습니다. 시장에서 판매하는 물건이 늘어나니 물건을 만드는 수공업자들도 더 많이 필요해졌지요.

"항아리를 찾는 사람이 너무 많아서 혼자 다 못 만들겠군."

"여보, 항아리 만드는 곳을 더 넓히고 사람을 좀 고용하면 어떨까요? 그러면 주문 들어온 항아리도 다 만들고, 돈도 더 벌 수 있잖아요."

물려받은 땅도 없이 항아리 만드는 기술만 있던 순돌이의 항아리가 잘 팔리기 시작하자, 순돌이는 점점 항아리 공방을 키웠습니다. 사람도 고용해서 월급을 주고 물건을 시장에 팔았지요.

"순돌이, 이번에 중국에서 항아리 100개를 만들어 달라고 하는데 자네에게 부탁해도 되겠나?"

"그럼요. 일주일만 시간을 주십시오."

중국과 무역을 하는 돌쇠는 중국 상인들이 필요한 물건을 조선에서 사서 팔았습니다. 이렇게 중간에서 외국의 물건을 사고파는 일을 하는 것을 '무역'이라고 합니다. 무역이 점점 활발해지자, 상인들과 수공업자들이 더욱 늘었고, 경제도 좋아졌습니다.

숙종 때에는 청에서 물건을 사다가 일본에 팔고, 반대로 일본에서 산 물건을 청나라에 파는 '중계무역'도 활발해졌습니다.

물건을 사고파는 규모가 점점 커지면서 화폐는 더욱 중요한 역할을 했습니다.

5 대기근이 오다

"왜 이런 날이 계속되는 것인가. 너무 답답하구려."

숙종은 근심에 잠겨 아무 일도 할 수 없었습니다.

"하늘도 무심하시지. 어찌 이러시는고."

숙종은 계속 반복되는 이상한 날씨 때문에 고민이 많았습니다.

씨를 뿌려야 하는 봄에는 비가 내리지 않아 땅이 가물었고, 겨우 작물들을 심어 놓은 뒤에는 장마가 심하게 왔습니다. 농민들은 둥둥 떠내려가는 작물들을 보고 있을 수밖에 없었습니다. 장마가 겨우 걷힌 뒤에는 거센 바람이 계속 불어왔고, 한여름에 서리와 우박이 내리는 이상한 일들이 일어났습니다. 겨우 자라난 작물들도 다 얼어 죽고 말았지요.

"가을이 되었는데 추수하는 백성들의 노랫소리가 들리지 않는구나."

전국에서 올라온 암행어사들도 안타까운 소식들을 전했습니다.

"전하, 제가 갔던 마을 사람들이 모두 굶어 죽었습니다."

"전하, 어찌나 먹을 것이 없는지 자기 자식까지 잡아먹는 사람이 있다 하옵니다."

끔찍한 기근 앞에 숙종의 고민은 깊어갔습니다. 엎친 데 덮친 격으로 조선 땅에는 역병까지 일어나 매일 수백 명의 백성이 목숨을 잃었습니다.

"저축미를 풀어 백성들에게 나눠주도록 하라."

숙종은 대동법을 시행한 뒤, 대동미로 걷은 쌀 가운데 절반을 저축미로 남겨 두었습니다. 남겨 두었던 저축미가 요긴하게 쓰였지요. 하지만 이상 기온은 몇 년 동안 계속되었고, 저축미도 바닥이 났습니다. 지방 수령 중에는 백성들에게 쌀을 나눠주지 않고, 숨겨 놓는 사람도 생겨났습니다. 먹을 것이 없어진 사람들이 도적이 되기도 했습니다.

"수령 가운데에 백성이 죽는 것을 가만히 보고 있는 자가 있으면 결단코 용서하지 않을 것이다."

숙종이 힘을 주어 말했습니다. 자연재해는 어쩔 수 없는 일이지만 백성을 더욱 괴롭게 하는 일은 전부 막아 주고 싶었습니다.

"안 되겠네. 청나라에 긍휼미를 받도록 하겠다."

굶어 죽는 사람이 점점 더 많아지자 숙종은 청나라로부터 곡식을 수입하기로 했습니다. 이에 반대하는 신하들도 있었지만, 숙종은 더 이상 죽어나가는 백성들을 볼 수 없었습니다. 조선은 청으로부터 3만 석의 곡식을 수입했습니다.

숙종은 긴 기근 동안 할 수 있는 방법을 다 동원했습니다. 청나라에 도움을 청하기도 하고, 대동법을 시행한 뒤 보관해 두었던 쌀을 풀어 백성들에게 나눠주기도 하고, 상평통보를 발행해 얻은 수익도 기근을 극복하는 일에 사용했습니다.

숙종과 백성들의 바람대로 숙종 26년에는 풍년이 들어 기근으로 황폐해진 조선 땅은 조금씩 회복되었습니다.

숙종은 여러 번의 환국으로 수많은 신하를 희생시킨 왕이라는 부정적인 평가도 있지만, 대동법을 전국적으로 시행해서 백성들의 어깨를 가볍게 해 주었고, 인조 때부터 시행하려 했지만 실패했던 화폐 제도를 정착시켰습니다. 숙종의 '경제를 발전시킬 궁리'는 어느 정도 성공한 게 아닐까요?

조선 왕 BEST & WORST

BEST

경제를 발전시킬 궁리?

　정조 때에는 농업 생산량이 크게 늘었어요. 농작물의 종류도 다양해져서 시장에 농작물을 파는 상인들도 많아졌지요.

　시장에는 장사를 하기 위해 나라에 등록하고, 세금을 내는 '시전 상인'과 허가를 받지 않고 물건을 파는 '난전 상인'들이 있었어요. 세금을 내는 시전 상인들에게는 나라에서 '금난전권'이라는 권리를 주었어요. 시전 상인들은 금난전권을 이용해 난전 상인들을 내쫓고 자기가 가진 물건은 비싼 값에 팔곤 했어요.

　시장이 발전해야 백성들이 잘살 수 있다고 생각한 정조는 금난전권을 폐지하고 난전 상인들도 마음껏 장사를 할 수 있도록 했어요. 정조의 생각대로 상업은 더욱 발달했고, 양반보다 돈이 많은 상민이 생겨나기 시작했어요.

WORST

경제를 어렵게 만든 왕?

　명종은 12살에 왕이 되었어요. 어린 왕 대신 명종의 어머니인 문정 왕후가 수렴청정을 했지요. 이때 문정 왕후의 오빠인 윤원형이 힘을 얻게 되었고, 윤원형 일파는 자기 세력에 반대하는 사람들을 모두 제거해 버렸어요. 이들은 나랏일을 쥐락펴락하며 자신들의 잇속을 위해 마음대로 법과 제도를 이용했어요. 백성들은 관리들에게 땅을 빼앗기고, 막대한 세금을 내야 했지요.

먹고살 수 없었던 백성들은 도적이 되기도 했어요. 이때 가장 유명했던 도적은 임꺽정이라는 사람이었는데, 임꺽정은 관청이나 부자들에게서 재물을 빼앗은 뒤에 다시 백성들에게 돌려주었어요. 백성들은 임꺽정을 '의적'이라고 부르며 숨겨 주었지요.

왕 VS 대통령

왕을 견제하는 기관?

대통령을 견제하는 기관?

조선 시대에도 왕이 마음대로 권력을 휘두르지 못하게 감시하는 기관이 있었어요. 이 기관은 삼사라고 불렀는데, 삼사는 사헌부, 사간원, 홍문관 이렇게 세 기관을 말해요.
사헌부는 주로 관리의 자격을 심사하는 일을 했어요. 사간원은 임금이 잘못한 일들을 아뢰고, 죄를 지은 관리를 탄핵하는 일 등 언론의 역할을 담당했어요. 홍문관은 왕에게 학문적, 정치적으로 자문을 하는 기관이었는데 이런 임무 때문에 임금에게 옳고 그름을 이야기할 수 있었어요.
삼사는 임금의 뜻에 반대할 때 상소문을 올리기도 하고, 함께 대궐문 앞에서 집회를 열기도 했어요.

국민들은 우리가 뽑은 대통령이 정치를 잘하고 있는지 살펴야 해요.
국민들이 직접 청와대에 들어가서 대통령의 집무를 볼 수는 없지만 청와대를 출입하는 기자들이 기사를 써서 우리에게 알려 줘요. 기자들은 '국민들의 알 권리'를 위해 일하고 있는 것이지요.
또 우리나라는 행정부, 입법부, 사법부 이렇게 국가의 권력을 셋으로 나눠 놓았어요. 행정부는 나라의 살림을 맡아 보는 기관으로 대통령이 행정부의 수장이에요. 입법부는 법을 만들고 고치는 기관으로 이곳에서는 국회의원들이 일하지요. 사법부는 법이 잘 지켜지고 있는지 감시하고 재판을 하는 기관이에요. 이렇게 세 기관이 서로를 견제하며 한 사람에게 모든 권력이 집중되지 않도록 하고 있어요.

6 백성들이 살고 싶어 하는 나라를 만들 궁리
영조

무서운 아버지였지만, 자애로운 군주이기도 했어.

영조의 성적표	
정치	탕평책을 써 인재를 고루 등용하려고 애썼다. 나라를 위한다는 명분으로 아들을 뒤주에 가둬 죽였다.
교육	우리나라 최초의 백과사전인 《동국문헌비고》를 펴냈다. 실학을 장려했다.
법	《경국대전》 이후 새롭게 바뀐 법을 추가하고, 정리해서 《속대전》을 펴냈다.
복지	직접 궐 밖에 나가 백성들의 뜻을 물었다. 나라 공사에 백성들을 고용하면 그들에게 품삯을 든든하게 주었다. 균역법을 만들어 백성들의 세금을 줄여 주었다. 잔인한 형벌 제도를 없앴다.

1 무수리의 아들이 왕이 된다고?

세자가 임금에게 문안 인사를 드리기 위해 동궁전 밖으로 나왔습니다. 천천히 걷는 세자의 뒤로 수군거리는 소리가 들려왔습니다.

"천한 무수리 출신이 낳은 서자가 다음 왕이 된다니, 말이 되는가."

"에이, 조용하게. 세자가 무수리 출신이든 아니든 무슨 상관인가. 지금 조정은 노론이 꽉 잡고 있으니 그들이 정한 사람이 왕이 되는 게지."

"에이, 노론 세상이구먼!"

세자는 그들이 하는 말을 들으면서도 꿋꿋이 걸음을 옮겼습니다.

관리들은 세자의 뒤에서 계속 떠들었습니다. 혹여나 노론 관리가 들을까 봐 주변을 살피기도 했지요. 관리들은 세자가 듣는 것 따위는 신경 쓰지 않고 떠들었습니다.

경종이 조선의 왕이었던 때, 조정은 노론과 소론으로 나뉘어 당쟁•을 하고 있었습니다. 경종은 소론의 지지를 받고 있었지만, 관리들은 대부분 노론이었기 때문에 경종의 힘은 약했습니다. 왕이 시종일관 신하들의 눈치를 봐야 할 정도였지요. 게다가 경종은 자식이 없었습니다. 이 틈을 놓치지 않은 노론 관리들은 경종의 형제인 연잉군을 세자로 책봉하라는 상소를 올렸고, 경종은 노론의 주장을 받아들여 연잉군을 세자로 책봉했습니다. 소론 관리들은 화가 났지만, 노론의 힘이 세서 크게 반대할 수 없었습니다.

그런데 연잉군은 경종처럼 왕비에게서 낳은 자식이 아니었습니다. 일반 궁녀도 아닌 무수리에게서 낳은 아들이었어요. 무수리는 궁에서 청소나 잔심부름을 하던 종으로 궁에서 가장 천하게 여겨지던 사람이었습니다. 천한 신분이었던 여인이 숙종의 눈에 들었고, 연잉군을 낳은 것이지요.

"연잉군까지 왕으로 세우고 나면 이제 우리 마음대로 정치를 할 수 있어!"

노론은 연잉군이 세자가 되자, 자기들의 세상이 온 것처럼 행동했습니다. 반대로 소론은 연잉군을 세자의 자리에서 쫓아낼 생각을 하고 있었습니다.

이런 정치적 소용돌이 속에 세자가 된 연잉군은 말을 아끼고 행동을 조

당쟁 당파를 이루어 서로 싸우는 것을 말해요.

심했습니다. 형인 경종에게 항상 예의 바르게 대했고, 조용히 책을 읽는 시간을 늘렸습니다. 그러면서 관리들에 대한 경계도 늦추지 않았지요.

'저들은 나를 허수아비로 세우려는 게야. 허수아비가 되지 않으려면 더 많은 것을 알아야 한다. 또 어느 한 당이 권력을 쥐면 나라의 균형이 깨어진다. 같은 것을 보고 서로 다른 생각을 하는 사람들이 균형을 이뤄야 해.'

경종이 노론에게 당하는 것을 보며 연잉군은 다짐했습니다.

연잉군은 임금의 자리는 올라서는 것보다 지켜나가는 게 더 중요하다고 생각했습니다. 그 자리를 지키려면 실력을 키워야 했지요.

문안을 마치고 다시 동궁전으로 돌아가는 길에 아까 만났던 신하들이 다시 연잉군을 보고 수군거렸습니다. 연잉군은 대꾸하지 않고 다시 천천히 걸어 동궁전으로 돌아왔습니다. 돌아오자마자 다시 책을 펴고 공부를 시작했지요.

'저들은 나의 신분을 가지고 계속 욕을 하는구나. 신분이 천한 자들은 무엇이 될 자격도 없다는 것인가. 내가 왕이 되면 천하다고 욕을 먹는 사람들을 위한 법과 제도를 만들 것이야.'

2 모든 인재는 골고루 등용한다!

　노론과 소론의 줄다리기 속에 늘 힘겨워했던 경종은 왕이 된 지 4년 만에 세상을 떠나고 말았습니다. 경종의 뒤를 이어 세자였던 연잉군이 새 임금이 되었습니다. 연잉군의 묘호는 '영조'입니다.

　영조가 왕이 되자 노론은 신이 났습니다. 자신들이 밀던 연잉군이 왕이 되었으니 이제 노론의 세상이 되었다고 생각했지요. 반대로 소론은 이제 자신들의 정치는 끝났다고 생각했습니다. 정치뿐 아니라 목숨까지도 위험하다고 생각해 벌벌 떨고 있었습니다.

　왕이 된 영조가 신하들을 모두 불러 말했습니다.

　"나는 어떤 당파도 허락하지 않겠다. 더는 붕당을 만들지 말고, 당에 맞는 생각이 아닌 자신이 옳다고 생각하는 것을 아뢰도록 하라."

영조의 말에 노론은 반발했습니다. 하지만 노론이 반대할 것을 알고 있었던 영조는 전혀 당황하지 않고, 끈질기게 탕평책*을 시행해 나갔습니다. 영조는 경종이 죽기 직전까지 당쟁 때문에 휘둘리는 것을 봐 왔기 때문에 어떤 당도 있어서는 안 된다고 생각한 것입니다.

영조는 다양한 방법으로 탕평책을 시행했습니다. 먼저 관리들을 고르게 등용하기 위해 애썼습니다. 영의정에 노론 관리를 세우면 좌의정에는 소론의 관리를 세우는 식이었지요. 중요한 자리에 서로 다른 당의 사람이 올라 있어 한 당의 뜻대로 이끌어나가지 못하게 되었습니다.

영조는 서원의 수도 줄였습니다. 서원은 선비들이 모여서 학문을 연구하던 곳이었지만 서원을 중심으로 똘똘 뭉친 관리들이 자신들의 주장을 내세우기 시작하며 당이 만들어졌습니다. 영조는 그런 서원들의 수를 줄이며 붕당의 시작부터 끊으려고 했습니다.

"성균관 유생들이 들어오고 나가며 탕평을 다짐할 수 있도록 탕평비를 만들어 성균관 앞에 세우도록 하라."

영조는 미래의 관리들이 탕평에 관한 자신의 뜻과 의지를 보기 원했습니다. 탕평비는 당파를 가리지 않고 관리를 뽑는다는 걸 알려 주기도 했

탕평책 당쟁의 폐단을 없애기 위하여 각 당파에서 고르게 인재를 등용하던 정책이에요.

지요.

영조의 뜻대로 초기에는 문제가 많았던 탕평책도 점점 자리를 잡아 갔습니다. 어느 한 당의 힘이 세지 않으니 반대로 임금의 힘이 세졌습니다.

'이제 내가 생각했던 정치를 실현해 봐야겠어!'

영조는 세자 때부터 생각하며 꼭꼭 담아두었던 꿈을 하나둘 열기 시작했습니다.

3 순문을 준비하라!

'백성들은 늘 세금 때문에 힘들어한다고 들었는데. 백성들을 가장 힘들게 하는 세금은 뭘까?'

영조는 먼저 세금 제도를 꼼꼼하게 살폈습니다.
'그래! 일단 군역을 고쳐야겠어.'
영조는 군역의 폐단을 살펴보고는 백성들의 짐을 덜어 줘야겠다고 다짐했습니다.

군역은 백성들이 국방에 필요한 병력과 노동력을 제공하는 제도였습니다. 조선 초기에는 16세에서 60세 사이의 남자들은 정해진 기간 동안 군대에 가야 했어요. 그런데 이들이 군대에 가 있는 동안에는 농사일이나 장사를 할 수 없어서 가족들이 먹고살기가 어려웠습니다. 그래서 나라에서는 군역을 면제받은 사람들에게 군포로 무명을 걷었습니다. 나라에서 걷은 군포는 군대에 가족을 보낸 백성들에게 전해졌고, 그 가족들은 군포를 팔아 생계를 꾸려 갔습니다.

양반들은 점점 핑계를 대며 군역에서 빠져나갔습니다. 결국 상민 남자들만 군대에 가게 되었지요. 전쟁 없이 평화로운 시기가 이어지자, 나라에서는 백성들이 직접 군대에 가서 훈련을 받는 대신 16세에서 60세 사이의 상민 남자들에게 모두 군포를 걷고, 받은 군포를 팔아 군사를 고용했습니다.

"군역의 폐단이 심각하다 들었다. 이 이야기를 직접 듣기 위해 순문을 시행하고자 한다."

영조의 어명이 떨어졌습니다. 순문은 임금이 대신들의 뜻을 묻는 자리를 말합니다. 관리들은 얼른 순문을 하기 위해 모였습니다.
"전하, 대신들이 다 모였사옵니다."
대신들을 둘러본 영조의 표정이 점점 어두워졌습니다.
"여기 모인 자들은 모두 군포를 내지 않는 자들이로구나. 내가 의견을 듣고 싶은 이는 군포를 내는 백성들이다. 백성들에게 순문을 하도록 하겠다."
영조는 군포를 내는 백성들을 모으라 지시했고, 며칠 뒤에 임금이 직접 백성의 뜻을 묻는 순문이 시작되었습니다.

창경궁 홍화문에는 백성들이 가득 들어와 자리를 채웠습니다.

"순문의 자리를 만든 것은 군역에 대한 백성들의 뜻을 듣기 위함이다. 하고자 하는 말이 있다면 해 보도록 하라."

영조의 말이 떨어지자 눈치를 보던 상민 하나가 손을 번쩍 들었습니다.

"전하, 아뢰옵기 황송하오나 군역의 짐이 너무나 크옵니다. 저희 고을에서는 군포가 부족하다며 이미 돌아가신 저희 아버지와 아직 16세가 되지 않은 아들에게까지 군포를 내라 하였습니다. 군포를 낼 수 없어 산으로 도망친 자들도 많습니다. 부디 군포를 줄여 주시옵소서."

상민의 말을 듣던 다른 백성들도 한목소리를 냈습니다.

"전하, 군포를 낼 수 없어 산으로 도망치면 그 몫의 군포를 친척에게 물게 하거나, 옆집에 물게 하는 경우도 있사옵니다."

상민들의 말을 들은 영조는 생각에 잠겼습니다.

'백성들이 군역 때문에 걱정이 많겠구나. 왜 이런 문제가 생겼는고… 이 문제를 해결하려면 어떻게 하면 좋단 말인가. 군포를 무조건 줄이게 되면 나라의 재정이 부족해질 터… 좋은 방법이 없을까.'

영조는 좋은 방법을 찾기 위해 세 번이나 군역에 대해 백성들과 이야기 하는 자리를 가졌습니다. 백성들은 군역의 문제뿐 아니라 바른 개선방안에 대해서도 자신의 의견을 냈습니다.

4 균역법을 시행하다

"백성들의 뜻을 듣고 보니 군포를 내는 일이 얼마나 힘든지 알겠다. 나는 백성들의 군포를 2필에서 절반인 1필로 줄이려고 한다."

영조가 단호한 목소리로 말했습니다.

"전하, 그럼 나라의 세금이 부족해집니다."

"통촉하여 주시옵소서!"

대신들이 목소리를 높여 반대했습니다.

"자네들이 반대할 줄 알고 있었네. 나는 이미 수년 전에 양역사정청을 두어 군포를 내야 하는 상민의 수를 파악하라 명했다. 그리하여 군포를 1필로 줄였을 때 부족한 세금이 얼마인지 알고 있다. 그 부족한 만큼 세금을 채워 놓으면 될 것이 아니냐."

"전하 무슨 수로 그 많은 세금을 메운단 말입니까."

여전히 대신들은 영조의 뜻을 이해하지 못한 채 반대하는 말을 쏟아냈습니다.

"고기잡이배와 소금, 배에 물리던 세금을 국고에 넣도록 하겠소. 전에는 이것에서 나오던 세금을 왕실의 수입으로 챙겼지만, 이제 국고에 넣을 것이오. 또 토지세를 1결에 두 말씩 거두면 국고가 채워질 것이오."

영조의 말에 대신들은 한마디도 하지 못했습니다. 신하들은 정확하게 계산을 해서 말하는 영조에게 반박할 수 없었습니다. 또 백성들과 세 차례나 이야기한 영조의 뜻이 너무 확고해서 말릴 수 없었지요.

1750년, 영조는 균역청을 설치해 각 지역에 군포 2필을 1필로 감하는 균역법을 시행한다고 알렸습니다. 군역 때문에 힘들어하던 상민들은 이 소식을 듣고 크게 기뻐했습니다.

영조는 이후에도 여러 번 순문을 시행했습니다. 순문의 주제는 모두 백성들의 삶과 직접 관련이 있는 일들이었고, 백성들의 의견은 정책을 시행하는 데 커다란 힘이 되었습니다.

"청계천에 백성들이 많이 살게 되면서 오염이 심각하다 들었네. 오염 때문에 전염병까지 돈다고 하니, 이것을 정비할 필요가 있지 않겠나. 비가 많이 내릴 때마다 개천이 넘쳐 홍수가 나는 것도 문제일세. 이곳도 백성들의 터전이니 그들의 뜻을 묻고, 그 방법을 고민해 봐야겠네. 순문을 준비하게."

영조는 광통교에서 순문을 하며 청계천에 대한 백성들의 뜻에 귀를 기울였습니다. 청계천 바닥을 공사하기로 한 뒤에도 여러 번 행차해 그 지역에 사는 주민들이 불편한 점은 없는지 살폈습니다.

백성들의 뜻을 묻고, 진행한 덕분에 큰 공사에도 백성들의 불만은 별로 없었습니다. 또 공사에 참여하는 백성들을 마음대로 부리지 않고, 일거리가 없는 백성을 뽑아 일꾼으로 쓰고, 그들에게 알맞은 품삯을 주었습니다.

"임금님 덕분에 청계천이 좋아졌네!"

"우리 의견까지 물어봐 주시니 어찌나 감사한지 모르네."

"그러게. 나는 일거리가 없어 걱정이었는데, 청계천 공사에 참여하면서

자식들을 부양할 수 있었네. 이전에는 돈 한 푼 못 받고 나랏일에 끌려갔었는데, 이렇게 돈을 주니 일할 맛도 나더군."

영조를 칭찬하는 백성들의 목소리가 높아져 갔습니다.

5 백성들의 삶은 어떠한가

'나는 궁에서 신분이 가장 낮은 무수리가 낳은 아들이다. 신분이 가장 낮다는 건 그만큼 지고 가야 하는 무게가 많다는 것이다. 궁의 신분도 그러한데 백성 중에 신분이 가장 낮은 천민들은 오죽할까.'

균역법으로 상민들의 삶을 돌본 영조는 이번에는 천민들에게로 시선을 돌렸습니다. 조선 후기에는 양반, 중인, 상민, 천민 이렇게 네 계층으로 신분을 나누었습니다. 이중 천민은 가장 낮은 계급으로 '노비'라고도 불렸습니다. 노비들은 주인의 명령에 언제나 따라야 했고, 주인은 노비를 마음껏 사고팔며 노비를 사람이 아닌 재산으로 여기는 경우가 많았습니다.

게다가 노비들이 주인에게 바쳐야 하는 공납 때문에 더욱 힘들었습니다. 공노비[•]는 남자 여자 모두 나라에 무명 1필을 내야 했고, 사노비^{••}는 주인에게 남자는 포 2필, 여자는 1.5필씩 내야 했습니다.

"노비들의 공납이 너무 무겁다. 앞으로 공노비는 0.5필 사노비 남자는 1필 사노비 여자는 0.5필만 내도록 하라."

영조는 노비들의 공납도 줄여주었습니다. 나중에는 여자 사노비의 공납을 아예 없앴지요.
영조는 계속 백성들이 고통받는 문제들을 궁리하고, 법을 바꿔나갔습니다.
어느 날, 형법을 가만히 살펴보던 영조가 말했습니다.

"이 나라 조선은 군자의 나라인데 형법을 보니 잔인한 것이 너무 많네. 형법 중 잔인한 형벌 제도는 없애도록 하겠네."

당시 조선에는 죄인들을 심문하는 벌이 있었는데 그 벌이 잔인하기 이를 데 없었습니다. 억울한 누명을 쓰고, 심문을 당하다가 목숨을 잃는 경우도 많았지요.
"압슬형, 낙형, 난장형, 주장당문 등 잔인한 형벌들을 없애도록 하겠다. 어느 고을에서도 이 징벌로 고통받는 백성들의 신음이 새어 나오지 않도

공노비 나라의 관청에서 일하는 노비
사노비 개인에게 속한 노비

록 하라."

　영조가 금지한 압슬형은 죄인을 꿇려 앉히고, 나무 봉이나 맷돌을 무릎뼈 위에 얹어 누르는 형벌로 이 벌을 받으면 다시 두 다리로 걷기 힘들었습니다. 낙형은 기구를 불에 달군 다음 죄인의 몸을 지지는 고문이었습니다. 죄인은 화상을 입고, 심할 경우 목숨까지 잃었지요. 난장형과 주장당문은 죄수를 묶어 놓고 몸을 마구 치는 벌이었습니다. 얼마나 세게 때렸는지 발가락이 떨어져 나가는 경우가 많았다고 합니다.

　형벌이 너무 가혹한 탓에 고문을 받던 사람들은 자기가 하지 않은 일을 했다고 거짓 자백을 하기도 했습니다. 영조는 이런 잔인한 형벌을 없애라고 명령했습니다. 또 사형수라고 해도 재판을 세 번 받을 수 있도록 해서 억울하게 벌을 받는 일이 없도록 했습니다.

　영조는 백성들의 '인권 문제'를 놓고 궁리했습니다. 스스로 답을 찾지 못할 때는 백성들의 뜻을 직접 물어가며 백성을 괴롭히는 악법들을 고쳐 나갔지요. 그런 영조의 노력으로 조선은 조금씩 살기 좋은 나라고 바뀌어 갔습니다.

　지금 우리 주변에도 법으로부터 소외되거나, 차별을 받는 사람들이 있습니다. 그런 사람들에게 필요한 법이나 복지가 있다면 무엇일까요? 조선 시대 영조처럼 우리도 좋은 법을 생각해 봐요!

조선 왕 BEST & WORST

BEST
민심을 얻은 왕?

　태조 이성계는 새로운 나라를 세우기 위해 백성들의 민심을 얻고 싶었어요. 이성계와 이성계의 곁에서 돕던 정도전은 좋은 방법을 생각해냈지요.

　고려 말 고려의 집권층이었던 권문세족은 백성들의 땅을 빼앗아 재산을 늘렸어요. 그리고 그 땅에서 농사를 짓는 백성들에게 막대한 세금을 걷어갔지요. 이성계와 정도전은 나라에서 땅을 거둔 뒤에 다시 나누어주자는 주장을 했어요. 나라에서 땅을 걷어가면 땅에서 나는 세금을 받아 국가의 재정도 늘어날 것이고, 국가의 땅에서 농사를 짓는 농민들은 나라에 일정한 세금만 내면 되니까요. 이 주장이 받아들여지자, 이성계는 토지대장을 모아서 사람들이 많이 모이는 곳에 두고, 불을 질렀어요. 자신들을 괴롭히던 토지대장이 활활 타오르는 것을 본 백성들은 이성계의 편이 되었지요.

WORST
민심을 잃은 왕?

　조선 24대 왕인 헌종은 자식을 남기지 않고 죽었어요. 뒤에 이을 왕이 없자, 왕실에서는 영조의 증손자인 철종을 찾아냈어요. 철종은 강화도에 유배되어 농사를 짓고 살다가 갑자기 왕이 되었지요. 힘이 없었던 철종은 꼭두각시 왕이 되었어요. 왕이 힘을 잃자, 삼정의 문란은 극에 달했어요. 삼정은 전정, 군정, 환곡 세 가지의 세금을 말하는데 땅에 매기는 세금인 전정에는 각종 부가세를 붙여서 걷어 갔고, 죽은 사람의 몫까지 군포를 걷어갔어요. 백성들이 어려울 때 빌려주었던 환곡에는 모래를 넣어 무게를 속인 것을 빌려주고, 이자를 붙여서 더 많은 곡식을 갚으라고 했지요. 이런 일이 빈번하게 일어나자 화가 난 백성들은 전국에서 들고 일어나며 농민 봉기를 일으켰어요.

조선 왕의 한 마디!

조선 왕 계보

- **태조**: 조선의 문을 열었어!
- **정종**: 동생 덕에 왕이 되었어.
- **태종**: 임금 힘이 센 나라를 만들 거야!
- **세종**: 문화, 과학, 국방 어느 하나 빠지지 않고 잘했지.
- **문종**: 오래 다스리진 못했지만, 아버지를 열심히 도왔어!
- **단종**: 흑흑, 삼촌 때문에….
- **세조**: 조카의 자리를 빼앗긴 했지만, 나도 나름 한 일이 많아!
- **예종**: 너무 일찍 죽었어….
- **성종**: 조선 최고의 법전, 《경국대전》을 완성했지!
- **연산군**: 내 말을 거역하는 자, 누구냐!!
- **중종**: 반정으로 왕이 되긴 했는데… 끝까지 같이 갈 신하가 없었어.
- **인종**: 몸이 너무 약해서 왕이 된 지 여덟 달 만에 죽고 말았어.
- **명종**: 외척이 마음대로 정치를 했지. 나라는 점점 힘들어졌어.
- **선조**: 임진왜란이 터져서 얼른 도망갔어.
- **광해군**: 명나라와 청나라 사이에서 실리외교를 했어. 근데 신하들은 그걸 못마땅해했지.
- **인조**: 청나라 태종 앞에서 세 번 절하고 아홉 번 머리를 조아리는 치욕을 당했어.
- **효종**: 꼭! 청나라에 본때를 보여줄 거야.
- **현종**: 신하들이 나뉘어서 사사건건 싸움을 했어.
- **숙종**: 일단 왕이 힘을 키워야 해!
- **경종**: 소론과 노론의 싸움이 치열했어. 이들의 눈치를 보느라 숨죽이고 있었지.
- **영조**: 백성들을 위한 정치를 할 거야! 나라를 위해 아들도 죽였어.
- **정조**: 열심히 공부한 덕분에 좋은 신하들을 골라낼 수 있었지.
- **순조**: 안동 김씨가 세도정치를 하는 바람에 꼭두각시 왕이 되었어.
- **헌종**: 나도 세도정치를 없애지 못했어….
- **철종**: 한반도 여기저기서 민란이 일어났어.
- **고종**: 일본의 강압에 못 이겨서 '을사늑약'을 맺었어.
- **순종**: 나는 조선의 마지막 왕이야. 왕이긴 하지만 일제에 의해 휘둘리기만 했어.

백성들이 살고 싶어 하는 나라를 만들 궁리 영조

7 좋은 인재를 키울 궁리
정조

나만큼 똑똑한 왕은 없을걸?

정조의 성적표

정치	아버지를 죽음으로 몰고 간 신하들을 용서해 주었다. 왕권을 강화하기 위해 새로운 인재들을 뽑았다.
예술	판소리, 한글 소설, 민화 등 서민 문화가 발전했고, 중국의 것이 아닌 우리의 것을 좋게 생각하는 문화가 피어났다.
과학	화성을 지으며 거중기와 녹로 등 새로운 기기를 만들었다.
경제	시전 상인들이 갖고 있던 권리인 금난전권을 폐지해 난전들이 쉽게 장사를 할 수 있도록 했다.
교육	신분과 상관없이 인재들을 고용했다. 인재들을 다시 교육하는 제도인 '초계문신제도'를 실시했다.

조선의 교육 정책을 궁리했던 정조와 함께
교육과 교육 정책에 대해 궁리해 봐요!

1 나는 사도 세자의 아들이다

"나는 사도 세자의 아들이다."

조선의 22대왕 정조가 왕위에 올랐습니다. 정조는 왕위에 오르자마자 억울하게 죽은 아버지의 이야기를 꺼냈습니다.

"이제 우린 죽은 목숨인가…."

신하들이 서로 눈치를 보았습니다. 관모가 흔들릴 정도로 덜덜 떨고 있는 신하도 있었습니다.

사도 세자는 영조의 아들이자 정조의 아버지였습니다. 영조는 사도 세자가 태어나자 크게 기뻐했습니다. 사도 세자는 어려서부터 유교 경전뿐 아니라 병서까지 즐겨 읽고, 무예에도 뛰어나서 영조가 아주 좋아했지요. 그러던 중 세자가 15살이 되자, 영조는 대리청정을 시작했습니다. 영조는 세자와 함께 신하들의 의견을 듣고, 세자가 어떤 판단을 내리는지 뒤에서 지켜보았습니다.

"세자, 지금 판단은 잘못한 것이오."

"세자, 나와 상의 없이 그런 말을 한 건 잘못이오."

"세자, 다시 생각해 보도록 하시오."

영조는 세자를 혹독하게 가르쳤습니다. 신하들 앞에서 세자를 꾸짖기도 했습니다. 세자는 점점 지쳐갔습니다.

이때 자신들을 멀리하는 사도 세자에게 위기의식을 느끼고 있던 노론 신하들은 사도 세자의 약점들을 영조에게 아뢨습니다. 영조는 사도 세자에 대한 나쁜 소문들을 들으며 점점 사도 세자를 못마땅하게 여기기 시작했습니다. 영조는 사도 세자를 더욱 심하게 야단쳤고, 그럴수록 사도 세자는 점점 아버지로부터 뒷걸음질 쳤지요.

"아바마마가 나를 가르치려는 것은 알겠지만, 이제 아바마마 앞에 나가는 것조차 무섭구나."

세자는 몸이 아프다는 핑계로 영조를 피했습니다.

"이제는 궁에 아바마마와 함께 있는 것도 무섭다. 나가야겠다."

사도 세자는 영조 몰래 궁궐을 빠져나갔습니다. 궁궐 밖에 나가 술을 마시고, 다른 사람들과 어울려 놀다 보면 아버지의 얼굴을 잊을 수 있었습니다. 하지만 이런 일탈도 곧 꼬리가 밟혔습니다.

"무어라? 장차 이 나라를 책임져야 할 세자가 밤마다 궐 밖으로 나가 술과 유흥을 즐긴다니!"

영조는 단단히 화가 났습니다. 이때를 놓치지 않고, 노론은 다시 영조에게 사도 세자의 잘못을 적어 올렸습니다. 상소문에는 세자가 왕의 자리를 빼앗기 위해 계획을 세우고 있다는 내용까지 들어 있었지요.

"이게 모두 사실이렷다! 세자의 죽음으로 죗값을 치르도록 하겠다!"

세자는 무릎을 꿇고 아버지 앞에 애원했지만, 영조는 그 이야기를 듣지 않았습니다. 결국 영조는 사도 세자를 뒤주에 넣고 못을 박으라는 무시무시한 명령을 내렸습니다. 뒤주에 갇힌 사도 세자는 8일 뒤에 죽고 말았습니다.

정조는 아버지인 사도 세자를 모함하는 노론 신하들을 가까이에서 보았습니다. 뒤주에 갇혀 고통스럽게 죽어가는 아버지의 모습도 보았지요.

정조가 왕위에 오르면 자신들에게 복수하리라 생각했던 노론은 '죄인의 아들'은 왕이 될 수 없다면서 영조에게 정조가 왕위를 잇는 것을 반대하기도 했습니다. 그런데 그 모든 시련을 이겨내고 결국 정조가 왕이 되었으니 신하들은 벌벌 떨 수밖에 없었습니다.

2 나라를 세우려면 인재가 필요하다

왕위에 오른 정조는 아버지 사도 세자를 죽음으로 몰고 간 신하들에게 벌을 주고 싶었습니다. 그러나 정조는 아버지의 죽음에 연루된 신하들을 죽이는 것보다 더 중요한 일이 있다는 것을 알았습니다.

"아바마마와 관련된 일로 더는 죄를 묻지 않겠다."

정조는 사도 세자 죽음에 크게 관여한 인물에게만 벌을 내리고, 이 문제를 거론하지 않았습니다. 신하들은 정조의 성숙한 모습을 보고, 임금을 더 신뢰할 수 있었지요.

"나라를 다스리는 핵심은 인재를 얻는 것이다. 평소에 인재들을 살펴 그 재능과 기량을 알고, 각 사람의 쓰임에 알맞도록 한다면 한 명의 인재로도 한 나라의 일을 다 해낼 수 있을 것이다. 그런데 평소에 대비하지 못하고, 늘 쫓기듯 인재를 구하면 원하는 인재를 찾지 못하고, 인재 또한 재능을 인정받지 못할 것이다. 지금 우리는 인재를 마땅히 구하지 못하고 있으니. 대신들이 나서서 인재를 구해야 할 것이다."

정조는 나라의 가장 급한 문제는 인재를 구하는 것이라 생각했습니다. 백성들의 아픔을 함께 고민하는 관리, 과학과 천문학을 연구하며 그것을 발전시키는 관리, 음악과 미술에 몰두하며 조선을 아름답게 만들 관리. 모든 것이 사람을 구하는 것부터 해야 하는 일이었습니다.

"어떻게 하면 조선의 옥석들을 찾아내 옥으로 다듬어낼 수 있단 말인가."

정조는 인재를 찾기 위해 궁리했습니다.
'그렇지! 그러면 내 마음을 이해할 것이다.'
정조는 사도 세자의 폐위를 반대하고, 평소에 왕권을 강화해야 한다고 주장하던 채제공을 떠올렸습니다.
"채제공을 들라 하라."
정조는 채제공과 인재를 찾는 법을 함께 논의했습니다.
"전하, 선왕께서는 탕평책이라 하여 관리를 두루 등용하기 위해 애쓰셨습니다. 그러나 두루 등용하여도 언제나 한쪽으로 기울기 마련입니다. 당에 상관없이 인재를 찾아 그 사람들을 전하의 사람들로 키우시면 어떻습니까."

채제공은 정조에게 꼭 필요한 이야기를 해 주었습니다.

"자네 말이 맞네. 새로운 인물들을 찾아 세워야겠어! 그런데 새로운 인물을 어디에서 찾으면 좋을까?"

며칠 뒤 정조는 규장각을 찾아갔습니다. 규장각은 선대 임금들의 글을 보관하는 곳이었습니다.

"앞으로 이곳에서 새로운 인재를 키우도록 하겠다. 이곳을 채울 인재들이 노론인지 소론인지 또는 양반인지 서얼•인지 중요하지 않다. 배우고자 하는 열정과 배움에 뜻이 있는 자들로 가득 채울 것이다."

당파는 물론, 신분과 출신을 따지지 않고 관리를 구한다는 이야기가 전해지자 전국 각지에서 인재들이 몰려왔습니다.

규장각에 지원한 사람 중에는 우리가 잘 아는 박제가와 이덕무도 있었

> **서얼** 아버지는 양반이지만 어머니는 양반이 아닌 사람들을 말합니다. 이들은 서얼이라고 불리며 차별을 받았어요.

습니다. 이들은 글 쓰는 재능이 뛰어나 한양에서 모르는 사람이 없을 정도였지만 서얼이라는 신분 때문에 관직에 나가지 못하고 있었습니다.

"정말 서얼 출신도 지원할 수 있단 말입니까?"

"그렇답니다! 이제 우리도 관직에 나갈 수 있습니다!"

두 사람은 서얼 출신인 다른 친구들과 함께 얼싸안고 기뻐했습니다.

3 신분과 붕당을 가리지 않고 인재를 등용하다

규장각 관리로 뽑힌 사람들이 한자리에 모였습니다. 정조는 이들에게 검서관이라는 관직을 주었습니다. 관리 중에는 특정 당에 속해 있는 사람도 있었고, 당이 없는 사람도 있었습니다. 또 양반도 있고, 서얼도 있었습니다.

"이렇게 많은 책을 읽을 수 있다니!"

서얼 출신이라 관직에 나갈 수도 없고, 따로 돈을 벌 방법도 없었던 이덕무는 비싼 책에 둘러싸여 있는 게 꿈만 같았습니다.

"전하, 성은이 망극하옵니다!"

이덕무가 임금님의 처소를 향해 절을 했습니다. 그러자 새로 뽑힌 관리들이 너나 할 것 없이 몸을 숙여 감사를 표했습니다.

정조는 규장각 인재들이 학문에 전념할 수 있도록 녹봉˙도 넉넉하게 주었습니다. 또 아무리 벼슬이 높은 사람이라도 규장각에 함부로 들어갈 수 없도록 했습니다. 벼슬이 높은 사람이 와서 검서관들에게 몰래 돈을 주며 자기가 시키는 대로 임금에게 말을 전하라고 할 수도 있으니까요.

규장각에는 매일 같이 책을 읽고, 연구하는 관리들이 있었습니다. 그리고 정조는 그 관리들의 의견을 묻기 위해 규장각에 왔습니다.

"오늘은 다 함께 시를 지어보면 어떤가."

어느 날, 규장각에 온 정조가 규장각 검서관들을 돌아보며 말했습니다. 평소에 시 짓는 것을 좋아하던 이덕무와 박제의 눈이 반짝였습니다.

얼마 뒤, 관리들이 정조의 앞에 시 한 편씩 써서 내밀었습니다. 시를 읽은 정조의 얼굴이 점점 밝아졌습니다.

"신광하의 시는 소리가 나는 그림 같고, 박제가의 시는 말하는 그림, 이만수의 시는 좋고, 윤필병의 시는 풍성하고, 이덕무의 시는 우아하고, 유득공의 시는 온통 그림 같구나. 이렇게 아름다운 시를 짓는 관리들과 함께 있으니 더 바랄 게 없다."

이들의 시를 칭찬한 정조는 이덕무를 따로 부르기도 했습니다.

"자네의 시는 이미 청나라 학자들 사이에서 유명하다 들었다."

"부끄러운 시를 알아보는 이가 있으니 감사할 따름입니다."

이덕무가 머리를 조아리며 말했습니다.

녹봉 벼슬아치에게 주던 월급이에요.

"청나라에서 유명한 자네가 청나라에 가 보지 못했다는 이야기를 들었네. 이번에 청나라에 다녀오도록 하게."

"네? 성은이 망극하옵니다!"

정조는 이덕무의 신분에 상관없이 그의 실력만 보고, 이덕무의 재능을 키워 주고 싶었습니다. 이덕무는 정조의 명에 따라 연행단과 함께 청나라에 방문했고, 청나라의 유명한 시인들을 만나 그들과 교류했습니다.

마찬가지로 서얼이었던 박제가도 정조의 명령으로 청나라를 여러 번 방문했습니다.

한번은 중국에 방문했다가 돌아오고 있는 박제가에게 정조는 다시 중국에 가라 명했습니다. 1년에 두 차례나 중국 사절로 가는 것은 매우 이례적인 일이었습니다. 임금이 신뢰하고 있다는 뜻이어서 당시에는 매우 자랑스러운 일이었지요. 정조는 중국어와 만주어를 동시에 할 수 있고, 외교 능력이 뛰어나고, 문학에도 조예가 깊었던 박제가를 높이 평가한 것입니다.

정조는 신분에 상관없이 규장각 관리들에게 새로운 경험을 할 수 있도록 배려했습니다. 이덕무와 박제가는 각각 청나라에서 했던 경험을 책으로 만들었습니다. 정조의 탕평책으로 알려지지 않았던 조선의 인재들이 세상 밖으로 나오기 시작했고, 많은 업적을 남길 수 있었습니다.

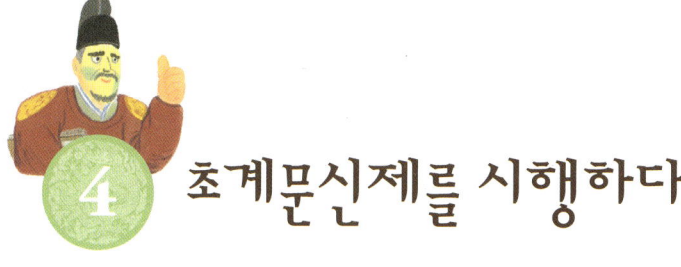
4 초계문신제를 시행하다

'어린 관리들을 좀 더 체계적으로 교육시킬 방법이 없을까?'

규장각을 만든 정조는 또 다시 궁리했습니다.

"가축은 비록 미물이지만 길러야 번성하지 기르지 않으면 없어지는 것이 이치인데, 이것이 어찌 가축에게만 해당하는 일이겠는가? 인재를 키우는 것 역시 이와 같다. 앞으로는 초계문신제도●를 시행하도록 하겠다."

> **초계문신** '초계'는 인재를 뽑아 임금에게 보고하는 일을 뜻하고, '문신'은 문과 출신의 벼슬아치를 말해요.

정조는 조선의 관리들이 벼슬을 하기 전에는 열심히 공부하다가 관리가 된 후에는 책을 덮어 버리는 풍조가 마음에 들지 않았습니다. 정조는 관리가 된 후에 백성들을 위해 더 열심히 공부해야 한다고 생각해 이미 관리가 된 이들을 다시 교육하는 초계문신제도를 만들었습니다.

"서른일곱 살 이하 당하관 중에서 초계문신을 선발하고, 그들로 연구에 전념하도록 하겠다. 초계문신은 마흔 살이 되면 졸업해서 그 깨달은 바를 백성을 위해 쓰도록 하라."

초계문신에는 그동안 벼슬길에 오르기 쉽지 않았던 남인과 소론, 서얼까지 모두 포함되었습니다. 이들은 모두 영광스럽게 여기며 공부에 전념했습니다.

"매달 20일에는 내가 직접 강의를 하도록 하겠다. 또 내가 직접 시험문

제를 낼 것이니 다들 준비하도록 하게."

정조는 초계문신을 직접 가르치고, 직접 시험 문제를 내기도 했습니다. 무더위가 기승을 부리는 날에도 초계문신에게 가르칠 것을 먼저 연구하고, 땀을 뻘뻘 흘리며 좋은 문제를 내기 위해 책을 뒤지고, 붓을 놓지 않았지요.

"내가 처음 초계문신을 둔 것은 관리들이 학문에 힘쓰게 하기 위함이었다. 내가 앞장서서 부지런하지 않으면 어떻게 여러 문신을 이끌 수 있겠나."

정조는 초계문신들에 대한 배려도 잊지 않았습니다.

"초계문신들에게는 지금 하고 있는 일들을 면제시키도록 하겠다. 우선 학문에 집중하고, 졸업한 후에 일을 해도 늦지 않다. 최대한 공부할 수 있도록 하라."

일 년 중 가장 추운 날과 가장 더운 날에는 궐에 오지 않고, 집에서 글을 짓도록 배려했습니다.

"문신이라 해서 공부만 해서 되겠는가! 활 쏘는 시험도 볼 것이니 다들 무예를 익히도록 하라."

정조는 1년에 두 차례 활쏘기 시험도 보도록 했습니다. 이것은 문신들이 무예를 소홀히 여기지 못하게 하기 위함이었습니다.

"어허, 이번 시험에서도 이덕무와 정약용이 통과하지 못했구나."

학문으로 정조의 인정을 받은 이덕무와 정약용은 활쏘기 대회에서는 늘 꼴찌를 다투었습니다.

"내가 시범을 보여야겠다."

정조가 활시위를 당겼습니다. 그러자 화살은 정확히 과녁의 중심을 맞췄습니다. 이어서 쏜 화살도 계속 적중했습니다.

"자네들은 100발 중 20발을 맞힌 뒤에 집에 가도록 하라."

이덕무와 정약용은 남아서 숙제를 해야 했습니다.

초계문신들은 학문뿐 아니라 무예에도 힘썼고, 후에 주요 관직 중 절반 이상을 차지할 정도로 큰 활약을 하게 되었습니다.

5 군대를 교육하다

'지금 군은 노론과 손을 잡아 부패했다. 또한 이들이 언제 나를 공격할지 모른다.'

정조가 집권을 막 시작했을 무렵, 정조의 침상에 자객이 들었습니다. 다행히 자객이 오기 전에 몸을 숨긴 정조는 목숨을 구할 수 있었습니다.

이때는 5군영이라는 군대 제도가 있었습니다. 5군영은 한양과 그 주변을 지키던 다섯 개의 군대를 말합니다. 하지만 5군영은 붕당정치 속에 특정 당과 손을 잡기도 했습니다. 군대가 왕이 아닌 다른 당과 함께 반란을 일으킨다면 큰일이었습니다.

'안 되겠어. 최정예 부대를 만들어 곁에 두어야겠다. 그러려면 군사를 뽑고, 그들을 교육해야 할 텐데.'

정조는 이번엔 군을 이끌 인재를 눈여겨보기 시작했습니다.

"여봐라, 앞으로 장용영이라는 부대를 만들어 가르치겠다."

정조는 무과 시험을 통해 선발된 무관들 중 따로 선발하여 장용영에 속하도록 했습니다.

하루는 정조가 훈련하는 군사들을 보기 위해 훈련장으로 갔습니다.

"여봐라, 지금은 무슨 훈련을 하고 있는가."

"네 전하, 중국의 병서를 보고 순서대로 훈련을 시키고 있사옵니다."

"중국의 병서라… 그것으로 되겠는가. 우리는 중국과 지형도 다르고 주로 다루는 무기도 다르건만."

정조는 우리 군대만의 훈련법이 필요하다고 생각했습니다. 정조는 훈련장에서 눈여겨보았던 백동수와 규장각 검서관 박제가, 이덕무를 불렀습니다.

"자네들을 함께 부른 것은 조선의 훈련 교감을 만들기 위해서네. 훈련 교감은 쉽게 보고 따라할 수 있도록 훈련하는 모습을 그림으로 그려서 설명하면 좋을 것 같은데, 자네들 생각은 어떠한가."

"전하, 명을 받들어 제가 조선의 훈련법을 만들도록 하겠습니다."

백동수가 허리춤에 있는 칼자루를 꼭 쥐며 말했습니다.

"전하, 저희는 중국에서 쓰인 훈련 교감과 조선의 병서들을 살펴보고, 그것들의 장점을 모아보도록 하겠습니다."

박제가와 이덕무도 정조의 뜻을 이내 헤아리고는 바로 일을 시작했습니다.

  몇 해 뒤, 조선의 훈련 교감인 《무예도보통지》가 만들어졌습니다. 정조의 뜻대로 훈련하는 방법과 그림이 자세하게 그려져 누구나 쉽게 전투 기술을 익힐 수 있었습니다. 무관을 꿈꾸는 이들에게는 더할 나위 없이 좋은 책이었지요.

6 조선의 르네상스

    정조는 책과 학문을 좋아했습니다. 그러나 학문을 익히는 것에서 그치지 않고, 그 학문의 쓰임에 대해서도 깊이 궁리했습니다. 그런 궁리를 함께할 좋은 인재들을 뽑고, 키우는 것을 임금의 역할이라 여겼습니다.

    정조가 뽑은 관리 중 정약용은 정조의 마음을 가장 잘 이해한 신하였습니다. 그는 정조가 화성을 세우라고 명령을 내리자, 연구한 것을 토대로 화성을 설계했습니다. 또 가장 현명하게 화성을 세울 방법을 다시 궁리했고, 거중기와 녹로 등 다양한 기기들을 만들었습니다. 이 기기들 덕분에 10년이 훨씬 넘게 걸릴 일을 2년 반 만에 마칠 수 있었습니다.

    정조와 뜻을 같이하는 관리들이 많아질수록 조선은 점점 안정되어 갔습니다. 정치가 안정되니 예술도 발전하기 시작했습니다.

"중인들도 높은 관직에 오를 수 있도록 하라."

정조는 이런 명령을 내리기도 했습니다. 중인들은 양반과 상민 중간에 있던 계급으로 주로 화가, 통역가 등 기술직에 종사하는 사람들을 말합니다. 정조는 이들이 가진 기술도 커다란 재능으로 보았습니다. 이전에는 천하게 여겼던 기술들이 인정을 받게 된 것이지요.

정조는 화가 김홍도에게 지방 수령이라는 관직을 내리기도 했습니다. 궁중 화가로 활약하며 공을 세운 것을 인정해 준 것이지요.

예술은 양반들에게 머물지 않고, 백성들에게도 전해졌습니다. 백성들은 한글로 쓰인 소설을 읽고, 우리 산과 나무, 백성들이 사는 모습을 그렸습니다.

인재를 바르게 고용하고, 그들을 다시 교육하고 했던 왕. 신분과 당을 구분 짓지 않고, 실력으로 평가했던 왕. 기술을 가진 사람들을 좋아하고, 그것을 인정해 주었던 왕. 정조는 자신이 세운 원칙을 지키며 교육 정책들을 만들어나갔습니다.

지금은 어떤 교육 정책들이 있나요? 지금의 교육 정책에 만족하나요? 내가 대통령이라면 어떤 원칙들을 세우고, 어떤 정책을 만들면 좋을지 궁리해 보면 어떨까요?

조선 왕 BEST & WORST

BEST

교육을 고민한 왕?

　조선 시대 백성들에게 가장 필요한 건 어떤 교육이었을까요? 조선 시대 백성들은 거의 농사를 짓고 살았어요. 자기 땅에 농사를 짓기도 하고, 다른 사람 땅을 빌려서 농사를 짓기도 했지요. 이들은 늘 수확량을 늘릴 궁리를 했어요. 직접 공부하고 실험을 해서 수확량을 늘리면 좋겠지만 농사일은 너무 바빴어요. 이런 점을 잘 알고 있던 세종은 백성들에게 농사법을 알려 주기로 결심했어요. 세종은 각 지방 관리들에게 수확량이 많이 나는 곳의 농사법을 적어서 올리라고 명했어요. 그리고 그것을 엮어서 책으로 냈지요. 이 책의 제목은 《농사직설》이에요. 《농사직설》에는 어떤 땅에 어떤 곡식을 심어야 하는지, 지방별로 다른 땅과 기후, 농사법을 꼼꼼하게 기록해 두었어요.

WORST

공부를 싫어한 왕?

　경연을 싫어해서 없애 버린 왕도 있어요. 단종을 폐위시키고 왕 된 세조는 집현전과 경연을 폐지해 버렸어요. 단종을 지지하는 신하들의 이야기를 듣고 싶지 않았거든요.

　연산군은 세자 시절부터 공부를 싫어하는 거로 유명했어요. 왕이 된 다음에는 잔소리하는 신하들이 싫어서 경연을 폐지해 버렸어요. 주변에는 아부하는 신하들만 남았지요. 연산군은 조선 시대 최고 교육 기관이었던 성균관을 없애고, 그곳에 기생들을 불러 모아 놓고 즐기는 곳으로 만들기도 했어요.

대한민국 역대 대통령